ベスト オブ チーズケーキ！

石橋かおり

I LOVE CHEESECAKE

私はチーズケーキが本当に大好き！

ちょっといきなりかもしれませんが（笑）、
私は、人生最後の瞬間、口にするなら、「絶対にN.Y.チーズケーキ！」と
今から心に決めているほどのチーズケーキフリークです。

納得のいくチーズケーキレシピを追い求め、
ずっとずっと作り続けてきて、
手元にあるレシピの数はすでに400を超えました。

今回、登場するチーズケーキ40品は、
そんな400以上のレシピから厳選を重ねた、とっておきばかり。
「これぞ、チーズケーキ！」というスタンダードで基本のレシピから、
あまりのおいしさに思わず笑みがこぼれるバリエーションレシピまで、
どれもが愛着深いレシピです。

いくつも作って、お気に入りを探してほしい。
「チーズケーキって、こんなにすごかったんだ！」と感じてほしい。
そう思って、この本を作りました。

あなたにも、未知なる奥深さを体感してもらえるとうれしいです。

チーズケーキ好きから、愛を込めて。

石橋かおり

CONTENTS

私はチーズケーキが本当に大好き！ ──── 2
チーズケーキチャート ──── 6
チーズケーキをおいしく作る大切な約束 ──── 7

N.Y.チーズケーキ＆ベイクドレアチーズケーキ ──── 8

N.Y.チーズケーキの材料と作り方 ──── 10
 プレミアムホワイトチョコN.Y.チーズケーキ ──── 12
 ダブルキャラメルN.Y.チーズケーキ ──── 14
 マグノリア風N.Y.チーズケーキ ──── 16
 ナッツクランブルのチョコN.Y.チーズケーキ ──── 18

ベイクドレアチーズケーキの材料と作り方 ──── 20
 ブルーベリーのベイクドレアチーズケーキ ──── 22
 シナモンロール味のベイクドレアチーズケーキ ──── 23
 モンブランのベイクドレアチーズケーキ ──── 24

オールドファッションベイクドチーズケーキ＆ベイクドメレンゲチーズケーキ ──── 26

オールドファッションベイクドチーズケーキの材料と作り方 ──── 28
 ダークチェリーデニッシュ風ベイクドチーズケーキ ──── 30
 かぼちゃのベイクドチーズケーキ ──── 32
 チーズマーブルブラウニー ──── 33
 パルミジャーノのパウンドチーズケーキ ──── 34
 プルーンとラム酒のベイクドチーズケーキ ──── 35

ベイクドメレンゲチーズケーキの材料と作り方 ──── 36
 いちごのベイクドメレンゲチーズケーキ ──── 38
 アプリコットのベイクドメレンゲチーズケーキ ──── 40
 リコッタ＆木の実のベイクドメレンゲチーズケーキ ──── 42
 スモークサーモン＆ディルのケークサレ ──── 44

この本の決まり
- 小さじ1は5㎖、大さじ1は15㎖。
- 卵はMサイズ、バターは食塩不使用のもの、生クリームは動物性で乳脂肪分45～47%のものを使用。
- オーブンシートは表面につやのある、つるっとしたものを使用。
- 生クリームの八分立ては「やわらかめで、角の先が少し曲がるくらい」の状態、九分立ては「かなりかために、角の先がピンと立つくらい」の状態をいう。
- 電子レンジは特に表記がなければ600Wが基本。変更が必要な際は明記されたワット数で加熱。
- レシピにある温度や時間はあくまでも目安。オーブンの火力が強ければ、10～20℃下げる。

スフレチーズケーキ ── 46

スフレチーズケーキの材料と作り方 ── 47
- 抹茶のジャポネスフレチーズケーキ ── 50
- マンゴーのスフレチーズケーキ ── 52
- 紅茶のスフレチーズケーキ ── 54

サワークリームトップチーズケーキ ── 56

サワークリームトップチーズケーキの材料と作り方 ── 57
- ベリーのサワークリームトップチーズケーキ ── 60
- バナナ＆チョコのサワークリームトップチーズケーキ ── 62
- チョコ＆ミントのサワークリームトップチーズケーキ ── 64

味わいいろいろ。アレンジバリエ ── 66

レアチーズケーキ＆ババロア風レアチーズケーキ＆ムースレアチーズケーキ ── 68

レアチーズケーキの材料と作り方 ── 70
- いちごのレアチーズケーキ ── 72
- チョコマーブルのレアチーズケーキ ── 74
- マンゴーのSMILEレアチーズケーキ ── 76

ババロア風レアチーズケーキの材料と作り方 ── 78
- キャラメルのババロア風レアチーズケーキ ── 80
- カマンベールのババロア風レアチーズケーキ ── 82
- オレンジ＆シャンパンのババロア風レアチーズケーキ ── 84

ムースレアチーズケーキの材料と作り方 ── 86
- ゴルゴンゾーラのムースレアチーズケーキ ── 88
- ティラミス ── 90
- クール・ア・ラ・クレーム（クレメ・ダンジュ） ── 92

チーズケーキQ＆A ── 94

チーズケーキチャート

この本で紹介しているチーズケーキのベースは、大きく分けて9種類。
工程や材料などによって、でき上がりがこんなふうに変わります。
どれを作るか、選ぶときの参考にしてくださいね。

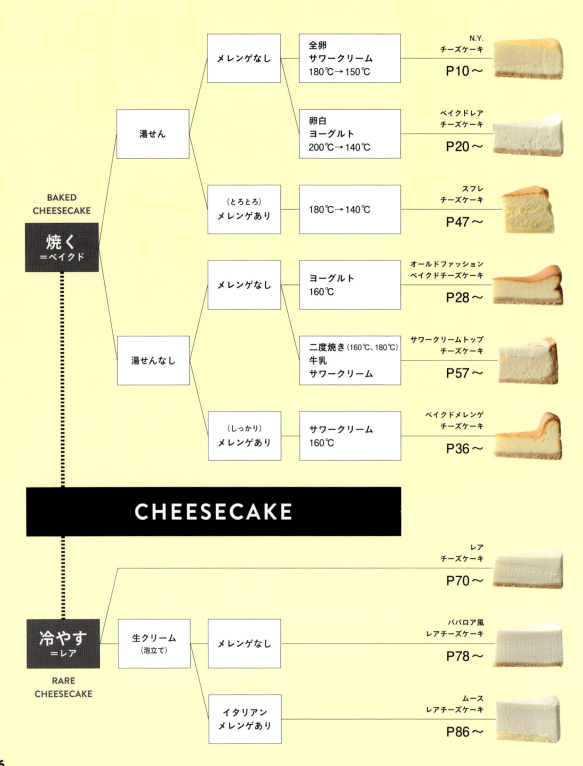

チーズケーキをおいしく作る大切な約束

おいしいチーズケーキを作るのに欠かせない8つの約束があります。一度、すべてに目を通してから作り始めましょう。

約束①
オーブンと仲よくなろう

ベイクドタイプのチーズケーキは、オーブンが仕上がりを決めると言ってもいいほど、オーブンの扱い方が重要です。オーブンは機種や大きさ、メーカーなどによって火のまわりが違うもの。庫内が小さくすぐ温度が上がる、逆に温度が上がりにくい、奥のほうが焦げやすいなど、家のオーブンのクセを知り、うまく調整できるようになってください。

約束②
焼き上がりまで、そばに

焼き上がりの時間までほうっておくのは、絶対にNG。たとえ設定通りであっても、焼き加減はこまめにチェックするのが、実はおいしいベイクドチーズケーキを作る最大のコツです。表面がかなり焦げてきたら、温度を下げてみたり、アルミホイルをかぶせたり、置く位置や向きを変えてみたりして、庫内を常にチェック。細やかな気配りを忘れずに。

約束③
クリームチーズはやわらかく

クリームチーズは充分やわらかくしてから練り始めて。耐熱容器に移して電子レンジ（200W）で4～5分加熱し、ゴムべらがすっと入るくらいがベスト。

約束④
生地は一度、こして

ていねいに混ぜたつもりでも、生地には意外とダマが残っているもの。なめらかな口当たりにするため、できた生地を一度、万能こし器でこしましょう。

約束⑤
ボトムはしっかりと押さえて

表面を平らにしただけだと、焼いて（または、冷やして）いるうちにすき間から生地がもれ出てしまうことが。ボトムはぎゅっと押さえ込んで敷き詰めて。

約束⑥
湯せんのお湯はこまめにチェック

湯がなくなると庫内の温度が上がり、焼きすぎに。湯せん焼きのベイクドチーズケーキは湯の継ぎたしをお忘れなく（数回なら、扉を開けても平気です）。

約束⑦
動物性で高脂肪の生クリームを

生クリームは、ぜひ、動物性で乳脂肪分45～47%のものを使って。ぐっとリッチで味わい深いチーズケーキができます。またレアチーズケーキの場合、植物性だと、冷やしても固まりにくくなることがたまにあります。失敗なし&おいしいチーズケーキを作るには、生クリーム選びも大切なポイントです。

約束⑧
余裕を持って作れたらベスト！

チーズケーキは作ってすぐより、少しおいてからのほうが実はおいしくなるのです。ちなみにベイクドタイプは3日目くらい、レアタイプは作った翌日が食べごろに。また、ベイクドタイプは材料を全部混ぜたら、1晩、冷蔵庫でねかせてから焼くと味わいが一段とアップします。時間があるときはぜひとも試してほしい裏ワザです。

BASIC RECIPES

"NEW YORK STYLE CHEESECAKE"
"BAKED RARE CHEESECAKE"

RECIPE N°01

NEW YORK STYLE CHEESECAKE　材料と作り方→P10

N.Y.チーズケーキ発祥の地といえば、もちろん、New York！ 見た目はちゃんと固まっているのに、口に運ぶと、とろんととろけ、クリーミィでしっとりした生地。さらには絶妙な酸味と甘みのバランス——そんなベスト配合のレシピがこちらです。この本を手にしたなら、一度は作ってほしいイチオシの絶品。

RECIPE N°02
BAKED RARE CHEESECAKE 材料と作り方→P20

「ベイクドなのに、レア?」と思うかもしれませんが、食べてみると、その理由がわかるはず。しっかりとベイクドして(焼いて)いるのに、クリームを固めたような不思議な食感。でもそれがかえってクセになるおいしさです。やっぱり食べてみないとわからない! これもぜひ、試してほしいレシピです。

N.Y.チーズケーキ

材料　INGREDIENTS

直径15cmの底が取れる丸型・1台分

ボトム
- マリービスケット …… 9枚（約49g）
- 小麦胚芽のクラッカー …… 4枚（約12g）
- バター（食塩不使用）…… 40g

生地
- クリームチーズ …… 200g
- 上白糖 …… 70g
- サワークリーム …… 100g
- レモン汁（国産）…… 小さじ1
- バニラエッセンス …… 少々
- コーンスターチ …… 大さじ1
- 生クリーム …… 100mℓ
- 卵 …… 2個

下準備　PREPARATION

▷ 型の底をアルミホイルで覆う。
▷ ボトムを作り、敷く（右記参照）。
▷ オーブンを180℃に予熱する。
▷ 湯せん用の湯を沸かす。
▷ 耐熱容器にクリームチーズを入れて電子レンジ（200W）で4〜5分加熱し[a]、ゴムべらがすっと入るくらいまでやわらかくする[b]。

a

b

ボトムの作り方　PREPARE THE CRUST

1 ファスナーつきの袋にビスケットとクラッカーを入れ、めん棒でたたいてくだく。

3 耐熱容器にバターを入れてラップをかけ、電子レンジ（200W）で1分〜1分30秒加熱して溶かし、**2**に加える。

2 細かくなったらめん棒を転がし、さらに細かくする。

4 全体になじむようによくもみ混ぜる。

◎ **フードプロセッサーで作る場合**
フードプロセッサーにビスケットとクラッカーを入れ、撹拌する。耐熱容器にバターを入れてラップをかけ、電子レンジ（200W）で1分〜1分30秒加熱して溶かす。溶かしたバターを加え、再び撹拌する。

ボトムの敷き方　PRESS IN THE CRUST

型にボトムを入れ、スプーンや手などでしっかりと押さえつけて底にぎゅっと敷き詰める。

作り方　　　　　　　　　　　　　　　　　　　　DIRECTIONS

1

生地を作る。 ボウルにやわらかくしたクリームチーズを入れ、泡立て器でなめらかになるまで練る。

2

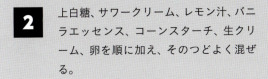

上白糖、サワークリーム、レモン汁、バニラエッセンス、コーンスターチ、生クリーム、卵を順に加え、そのつどよく混ぜる。

3

万能こし器で生地をこし、なめらかにする。
＊　こんなふうにこし器に残ったものは加えない。

4

バットにのせた型に流し入れる。

5

オーブンにバットごと入れて熱湯をバットに1cm高さに注ぎ、180℃のオーブンで30分、150℃に下げて30分、湯せん焼きにする。
＊　途中、様子を見て、湯がなくなりそうになったら適宜たす。

6

オーブンから出してすぐに型の縁に沿ってパレットナイフを深さ1cmほどさし込み、一周させる（表面を平らにするため）。そのまま冷まし、粗熱がとれたら、型のまま冷蔵庫で3時間以上冷やす。

プレミアムホワイトチョコ
N.Y.チーズケーキ

RECIPE N°03

NEW YORK STYLE PREMIUM
WHITE CHOCOLATE CHEESECAKE

濃厚でリッチな味わいのホワイトチョコN.Y.チーズケーキは、酸味のあるフレッシュラズベリーと一緒に召し上がれ。互いのおいしさを存分に引き出しあった、ベストコンビネーションが楽しめます。凛としつつもかわいらしいたたずまいは、誰かへのプレゼントにもぴったり。

材料　INGREDIENTS

直径9〜10cmの底が取れる丸型・2台分、
または直径15cmの底が取れる丸型・1台分

ボトム
- マリービスケット …… 9枚（約49g）
- 小麦胚芽のクラッカー …… 4枚（約12g）
- バター（食塩不使用） …… 40g

生地
- クリームチーズ …… 200g
- 上白糖 …… 70g
- サワークリーム …… 120g
- バニラビーンズ …… 1/3本
- 卵白 …… 2個分
- ホワイトチョコレート（製菓用） …… 120g
  * ホワイトチョコレートは、上質のものほどおいしく仕上がる。
- 生クリーム …… 120mℓ

デコレーション
- ナパージュ（なければラズベリージャム） …… 少々
  * ナパージュとは、お菓子につやを出すためなどに使われる透明なゼリー状のもの。
- フレッシュラズベリー …… 1パック

作り方　DIRECTIONS

1. **生地を作る。** ボウルにやわらかくしたクリームチーズを入れ、泡立て器でなめらかになるまで練る。
2. 上白糖、サワークリーム、バニラビーンズ、卵白を順に加え、そのつどよく混ぜる。
3. ホワイトチョコレートは湯せんにかけ、溶かす。
4. 生クリームは電子レンジで1分〜1分30秒加熱し、沸騰したら3に注ぎ[b]、なめらかになるまで混ぜる。
5. **2**に**4**を加えて混ぜる。
6. 万能こし器で生地をこし、なめらかにする。
7. バットにのせた型に1/2量ずつ流し入れる[c]。
8. オーブンにバットごと入れて熱湯をバットに1cm高さに注ぎ、180℃のオーブンで20分、140℃に下げて20分、湯せん焼きにする。
   * 途中、様子を見て、湯がなくなりそうになったら適宜たす。
9. オーブンから出してすぐにオーブンシートを取り、粗熱がとれたら、型のまま冷蔵庫で3時間以上冷やす。
10. 型から取り出したら、ナパージュをはけなどで一面に塗り[d]、ラズベリーをのせる。
    * ナパージュがない場合はラズベリージャムで代用。ラズベリージャムは電子レンジで少し加熱してゆるめたら、ラズベリーの底にのり代わりに少しつけ、ケーキにはりつける。

下準備　PREPARATION

- 型の底をアルミホイルで覆う。
- ボトムを作り（P10参照）、1/2量（約50g）ずつ入れ、敷き詰める。
- 型の側面にバター（分量外）を塗り、6cm幅に切ったオーブンシートをぐるりとはりつける。
- オーブンを180℃に予熱する。
- 湯せん用の湯を沸かす。
- バニラビーンズのさやを縦に切って中を開き、ビーンズを取り出す[a]。
- クリームチーズをやわらかくする（P10参照）。

縦に開き、さやに詰まったビーンズをナイフでこそげ取る。

生クリームが沸騰したら、そっとホワイトチョコレートに注いで（やけどに注意）。

RECIPE N°04

NEW YORK STYLE
DOUBLE CARAMEL CHEESECAKE

濃厚な味わいのダブルキャラメルN.Y.チーズケーキ。市販のキャラメルと、手作りカラメルのダブルパンチがきいています。これは食べる3日くらい前に作るのがベストタイミング。底に沈んだキャラメルが水分を吸ってとろけ、キャラメルソースのようにとろりとしてきて、キャラメル好きにはたまらない深みが出てくるのです。

ダブルキャラメルN.Y.チーズケーキ

材料　INGREDIENTS

直径15cmの底が取れる丸型・1台分

ボトム
- マリービスケット …… 9枚(約49g)
- 小麦胚芽のクラッカー …… 4枚(約12g)
- バター(食塩不使用) …… 40g

生地
- クリームチーズ …… 200g
- 上白糖 …… 80g
- サワークリーム …… 100g
- コーンスターチ …… 大さじ1
- 卵 …… 2個
- バニラオイル …… 少々
- [グラニュー糖(なければ上白糖) …… 70g
- 水 …… 大さじ2
- 生クリーム …… 100ml]
- 市販のキャラメル …… 8個

デコレーション
- [生クリーム …… 100ml
- 上白糖 …… 大さじ1 1/2]

下準備　PREPARATION

▷ 型の底をアルミホイルで覆う。
▷ ボトムを作り、敷く(P10参照)。
▷ キャラメルを3つに切る。
　＊ 正方形のキャラメルなら4つに。
▷ オーブンを180℃に予熱する。
▷ 湯せん用の湯を沸かす。
▷ クリームチーズをやわらかくする(P10参照)。

作り方　DIRECTIONS

1. **生地を作る。** ボウルにやわらかくしたクリームチーズを入れ、泡立て器でなめらかになるまで練る**[a]**。
2. 上白糖、サワークリーム、コーンスターチ、卵、バニラオイルを順に加え、そのつどよく混ぜる。
3. 小鍋にグラニュー糖と分量の水を入れ、中火にかけてカラメルにする。
4. 生クリームは電子レンジで1分ほど加熱して沸騰させる。**3**が茶色くなってきたら火を止め、生クリームをゆっくり注ぎ、ゴムべらで混ぜる。
5. 少し冷まして**2**に加え混ぜる**[b]**。
6. 万能こし器で生地をこし、なめらかにする。
7. 型にキャラメルの1/2量を並べたら、生地の1/2量を流し入れ**[c]**、残りのキャラメルを並べて**[d]**残りの生地を流し、バットにのせる。
8. オーブンにバットごと入れて熱湯をバットに1cm高さに注ぎ、180℃のオーブンで30分、150℃に下げて30分、湯せん焼きにする。
　＊ 途中、様子を見て、湯がなくなりそうになったら適宜たす。
9. 粗熱がとれたら、型のまま冷蔵庫で半日から1晩冷やす。
　＊ 1〜2晩冷やすと、キャラメルがソースのようになる。
10. **デコレーションする。** ボウルにデコレーション用の生クリームと上白糖を入れて底を氷水に当てながら八分立て(やわらかめで、角の先が少し曲がるくらい)にホイップする。
11. 星口金をつけた絞り出し袋に入れ、食べやすく切った**9**の横に絞り出す。

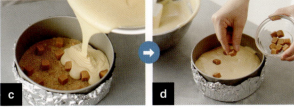

a　b　c　d

マグノリア風N.Y.チーズケーキ

RECIPE N°05

MAGNOLIA'S STYLE NEW YORK CHEESECAKE

マグノリア風のカラフルなカップケーキは、巷(ちまた)でも大人気。そんなカップケーキに見立てた、キュートなN.Y.チーズケーキ。酸味のあるラズベリーを入れた生地の上に、たっぷりとホイップクリームを絞り、ミックススプレーをふりかけました。ホイップクリームは、食べる直前に絞るのがおすすめです(2日くらいで食べ切って)。

材料　INGREDIENTS

底の直径7cmのマフィン型・6個分

ボトム
- マリービスケット …… 6枚（約32g）
- 小麦胚芽のクラッカー …… 3枚（約9g）
- バター（食塩不使用）…… 30g

生地
- クリームチーズ …… 150g
- 上白糖 …… 55g
- サワークリーム …… 100g
- コーンスターチ …… 大さじ1
- 卵 …… 1個
- 生クリーム …… 大さじ2
- バニラオイル …… 少々
- フレッシュラズベリー …… 18個

デコレーション
- ［生クリーム …… 150ml
- 　上白糖 …… 大さじ2］
- ピンクのミックススプレー …… 少々
- ハートの砂糖菓子（あれば）…… 6個

作り方　DIRECTIONS

1. **生地を作る**。ボウルにやわらかくしたクリームチーズを入れ、泡立て器でなめらかになるまで練る。
2. 上白糖、サワークリーム、コーンスターチ、卵、生クリーム、バニラオイルを順に加え、そのつどよく混ぜる。
3. 万能こし器で生地をこし、なめらかにする。
4. 型の半分の高さまで生地を流し入れ、ラズベリーを3個ずつ入れて[b]残りの生地を流す。これを6個作り、大きめのバット（または天パン）にのせる。
5. オーブンにバットごと入れて熱湯をバットに1cm高さに注ぎ、180℃のオーブンで15分、140℃に下げて30〜35分、湯せん焼きにする。
   * 途中、様子を見て、湯がなくなりそうになったら適宜たす。
6. 粗熱がとれたら、型のまま冷蔵庫で3時間以上冷やす。
7. 型の縁に沿ってパレットナイフをさし込み、一周させて型から生地をはがし、そっとひっくり返す。
8. **デコレーションする**。ボウルにデコレーション用の生クリームと上白糖を入れて底を氷水に当てながら八分立て（やわらかめで、角の先が少し曲がるくらい）にホイップする。
9. 直径1.5cmの丸口金をつけた絞り出し袋に入れ、**7**に丸く重ねて絞り出し[c]、合計で3段絞る。
10. ミックススプレーをふりかけ、あればハートの砂糖菓子を飾る。

下準備　PREPARATION

- ▷ 型の底に直径6cmの円形に切ったオーブンシートを敷く（P41・a参照）。
- ▷ ボトムを作り（P10参照）、10〜11gずつ敷く[**a**]。
- ▷ オーブンを180℃に予熱する。
- ▷ 湯せん用の湯を沸かす。
- ▷ クリームチーズをやわらかくする（P10参照）。

a

b

c

ナッツクランブルの
チョコN.Y.チーズケーキ

RECIPE N°06

BAKED NUTS AND CRUMBLE TOPPED CHOCOLATE CHEESECAKE

男子に絶対、ウケるチーズケーキがこちら。チョコレートにたっぷりナッツと、男子の好みがギュッと詰まっています。縦長にカットすると、持ちやすく食べやすいのでおすすめ。なお、クランブルを生地の上にのせてからでないとナッツが沈んでしまうので、ひと手間ですが、ぜひ、クランブルも作ってください。味わいだって深みが増します。

材料　INGREDIENTS

15×15×4.5cmのスクエア型・1台分

ボトム
オレオクッキー(クリームを除いて)
　……18枚(約70g)
バター(食塩不使用) …… 25g

生地
クリームチーズ …… 200g
上白糖 …… 50g
サワークリーム …… 100g
卵 …… 1個
卵黄 …… 1個分
⎡ スイートチョコレート(製菓用) …… 60g
⎣ 生クリーム …… 60㎖

クランブル
薄力粉 …… 80g
上白糖 …… 20g
バター(食塩不使用) …… 50g

好みのナッツ …… 80g
＊ アーモンド、くるみ、ピスタチオ、カシューナッツ、マカダミアナッツなど。

下準備　PREPARATION

▷ クランブル用のバターを細かく切る。
▷ 底が取れない型を使う場合、バター(分量外)を塗り、型に合わせて切ったオーブンシートをパウンドケーキを焼くときのようにはりつける。
　＊ 底が取れる型がおすすめ。型の底はアルミホイルで覆って。
▷ クリームを取り除いたオレオクッキー[a]でボトムを作り、敷く(P10参照)。
▷ オーブンを180℃に予熱する。
▷ 湯せん用の湯を沸かす。
▷ クリームチーズをやわらかくする(P10参照)。

作り方　DIRECTIONS

1 **クランブルを作る**。ボウルに薄力粉、上白糖、バターを入れて手で練り、しっとりするまで混ぜ[b]、ラップをして冷蔵庫に入れる。

2 **生地を作る**。ボウルにやわらかくしたクリームチーズを入れ、泡立て器でなめらかになるまで練る。

3 上白糖、サワークリーム、卵、卵黄を順に加え、そのつどよく混ぜる。

4 耐熱容器にチョコレートと生クリームを入れ、電子レンジで1〜2分加熱して混ぜ、チョコレートを溶かす。**3**に少しずつ加えて混ぜる。

5 万能こし器で生地をこし、なめらかにする。

6 型に流し入れる[c]。

7 **1**のクランブルをぎゅっとにぎってから、ポロポロにくずしながら**6**にまんべんなく散らし[d]、ナッツを軽く埋め込むようにしながらのせて、バットにのせる。

8 オーブンにバットごと入れて熱湯をバットに1cm高さに注ぎ、180℃のオーブンで30分、140℃に下げて30分、湯せん焼きにする。
　＊ 途中、様子を見て、湯がなくなりそうになったら適宜たす。

9 粗熱がとれたら、型のまま冷蔵庫で3時間以上冷やす。

a

b

c

d

TIPS
目安に定規を置くと、同じ幅できれいに切りやすい。

ベイクドレアチーズケーキ

材料　INGREDIENTS

直径15cmの底が取れる丸型・1台分

ボトム
- マリービスケット …… 9枚（約49g）
- 小麦胚芽のクラッカー …… 4枚（約12g）
- バター（食塩不使用）…… 40g

生地
- クリームチーズ …… 200g
- 粉糖 …… 40g
- 生クリーム …… 100㎖
  * キルシュがなければ110㎖に。
- 卵白 …… 2個分
- プレーンヨーグルト …… 100g
- レモン汁（国産）…… 小さじ1
- バニラエッセンス …… 少々
- キルシュ …… 小さじ2

下準備　PREPARATION

▷ 型の底をアルミホイルで覆う。
▷ ボトムを作り、敷く（右記参照）。
▷ オーブンを200℃に予熱する。
▷ 湯せん用の湯を沸かす。
▷ 耐熱容器にクリームチーズを入れて電子レンジ（200W）で4〜5分加熱し[a]、ゴムべらがすっと入るくらいまでやわらかくする[b]。

a

b

ボトムの作り方　PREPARE THE CRUST

1

ファスナーつきの袋にビスケットとクラッカーを入れ、めん棒でたたいてくだく。

2

細かくなったらめん棒を転がし、さらに細かくする。
* フードプロセッサーで作るときはP10参照。

3

耐熱容器にバターを入れてラップをかけ、電子レンジ（200W）で1分〜1分30秒加熱して溶かし、**2**に加える。

4

全体になじむようによくもみ混ぜる。

ボトムの敷き方　PRESS IN THE CRUST

型にボトムを入れ、スプーンや手などでしっかりと押さえつけて底にぎゅっと敷き詰める。

作り方 — DIRECTIONS

1 生地を作る。ボウルにやわらかくしたクリームチーズを入れ、泡立て器でなめらかになるまで練る。

2 粉糖、生クリーム、卵白、ヨーグルト、レモン汁、バニラエッセンス、キルシュを順に加え、そのつどよく混ぜる。

3 万能こし器で生地をこし、なめらかにする。

4 バットにのせた型に流し入れる。

5 オーブンにバットごと入れて熱湯をバットに1cm高さに注ぎ、200℃のオーブンで20分、湯せん焼きにする。オーブンの扉を2〜3分開けて温度を下げ、140℃でさらに40分、湯せん焼きにする。
＊ 途中、様子を見て、湯がなくなりそうになったら適宜たす。

6 粗熱がとれたら、型のまま冷蔵庫で3時間以上冷やす。

ブルーベリーの
ベイクドレアチーズケーキ

食べやすいサイズのベイクドレア。素材のコンビネーションも、白×パープルのコントラストも◎！ 型の周囲を手で温め、底の周囲を少しずつ押してから、軽く上下にふると型から取り出しやすくなります。

RECIPE N°07

BAKED BLUEBERRY
RARE CHEESECAKE

材料　INGREDIENTS

直径5.5cmのセルクル・9個分、
または直径15cmの底が取れる丸型・1台分

ボトム
- マリービスケット …… 9枚（約49g）
- 小麦胚芽のクラッカー …… 4枚（約12g）
- バター（食塩不使用）…… 40g

生地
- クリームチーズ …… 200g
- 粉糖 …… 40g
- 生クリーム …… 100mℓ
- 卵白 …… 2個分
- プレーンヨーグルト …… 100g
- レモン汁（国産）…… 小さじ1
- バニラエッセンス …… 少々
- キルシュ …… 小さじ2
- ブルーベリー（フレッシュ、または冷凍）…… 36個

デコレーション
- フレッシュブルーベリー …… 9個
- ミント …… 9枚

下準備　PREPARATION

▷ 型の底をそれぞれアルミホイルで覆う。
▷ ボトムを作る（P20参照）。
▷ オーブンを200℃に予熱する。
▷ 湯せん用の湯を沸かす。
▷ クリームチーズをやわらかくする（P20参照）。

作り方　DIRECTIONS

1. バットにのせたセルクルにボトムを大さじ1½ずつ入れ、残ったら等分にしてしっかり敷き詰める。その上にブルーベリーを4個ずつのせる。
2. **生地を作る**。ボウルにやわらかくしたクリームチーズを入れ、泡立て器でなめらかになるまで練る。
3. 粉糖、生クリーム、卵白、ヨーグルト、レモン汁、バニラエッセンス、キルシュを順に加え、そのつどよく混ぜる。
4. 万能こし器で生地をこし、なめらかにする。
5. **1**に等分に流し入れる。
6. オーブンにバットごと入れて熱湯を天パンに1cm高さに注ぎ、200℃のオーブンで10分、湯せん焼きにする。オーブンの扉を2～3分開けて温度を下げ、140℃でさらに40分、湯せん焼きにする。
   ＊ 途中、様子を見て、湯がなくなりそうになったら適宜たす。
7. 粗熱がとれたら、型のまま冷蔵庫で3時間以上冷やす。
8. 型から出し、ブルーベリーとミントを飾る。

シナモンロール味の
ベイクドレア
チーズケーキ

人気のシナモンロールをイメージして、たっぷりのシナモンを加えてみました。まるで墨流しのような美しさですが、こんなふうに仕上げるにはプロセス4での混ぜすぎにご注意を。ひと混ぜだけして型に流すのが、きれいに仕上げるコツです。

材料
直径15cmの底が取れる丸型・1台分

ボトム
- マリービスケット …… 9枚（約49g）
- 小麦胚芽のクラッカー …… 4枚（約12g）
- バター（食塩不使用）…… 40g
- くるみ …… 20g

生地
- クリームチーズ …… 200g
- 粉糖 …… 40g
- 生クリーム …… 100ml
- 卵白 …… 2個分
- プレーンヨーグルト …… 120g
- バニラオイル …… 少々
- **A**
  - きび砂糖 …… 30g
    * 細かい黒砂糖などでも。
  - シナモンパウダー …… 小さじ2

下準備
▷ 型の底をアルミホイルで覆う。
▷ くるみを粗みじんに切る。
▷ ボトムを作り、粗みじんにしたくるみを混ぜ、敷く（P20参照）。
▷ オーブンを200℃に予熱する。
▷ 湯せん用の湯を沸かす。
▷ クリームチーズをやわらかくする（P20参照）。

作り方

1. **生地を作る**。ボウルにやわらかくしたクリームチーズを入れ、泡立て器でなめらかになるまで練る。
2. 粉糖、生クリーム、卵白、ヨーグルト、バニラオイルを順に加え、そのつどよく混ぜる。
3. 万能こし器で生地をこし、冷蔵庫で1時間ほど冷やす。
4. お玉2杯分（約120g）を取り分け、**A**を加えて混ぜ[**a**]、3の生地に戻してひと混ぜしたら、型に流し入れ[**b**]、バットにのせる。
   * あまりよく混ぜないうちに型に流すこと。
5. オーブンにバットごと入れて熱湯をバットに1cm高さに注ぎ、200℃のオーブンで15分、150℃に下げて25分、湯せん焼きにする。
   * 途中、様子を見て、湯がなくなりそうになったら適宜たす。
6. 粗熱がとれたら、型のまま冷蔵庫で3時間以上冷やす。

RECIPE N°08

CINNAMON SWIRL
BAKED RARE CHEESECAKE

RECIPE N°09

MONT BLANC
BAKED RARE CHEESECAKE

見た目はまるでモンブラン。でも、ひと口食べると、ちょっと違う。程よい酸味のあるベイクドレアチーズケーキがマロンペーストと見事にマッチし、もしかすると、モンブランより栗の風味を感じられるかも。栗好きさんには絶対におすすめのチーズケーキ。大きい型で作っても迫力あります！

モンブランのベイクドレアチーズケーキ

材料　INGREDIENTS

直径5.5cmのセルクル・9個分、
または直径15cmの底が取れる丸型・1台分

ボトム
- マリービスケット …… 9枚 (約49g)
- 小麦胚芽のクラッカー …… 4枚 (約12g)
- バター (食塩不使用) …… 40g

生地
- クリームチーズ …… 200g
- 上白糖 …… 30g
- マロンペースト …… 100g
- ラム酒 …… 小さじ2
- 生クリーム …… 100㎖
- 卵白 …… 2個分
- プレーンヨーグルト …… 70g
- バニラオイル …… 少々

栗のシロップ煮 …… 9個

マロンクリーム
- マロンペースト …… 90g
- 生クリーム …… 100㎖
- ラム酒 …… 小さじ1

デコレーション
- ココアパウダー …… 適宜

下準備　PREPARATION

▷ 型の底をそれぞれアルミホイルで覆う。
▷ ボトムを作る (P20参照)。
▷ オーブンを200℃に予熱する。
▷ 湯せん用の湯を沸かす。
▷ クリームチーズをやわらかくする (P20参照)。

作り方　DIRECTIONS

1. セルクルにボトムを大さじ1½ずつ入れ、残ったら等分にしてしっかり敷き詰め、栗を1個ずつのせる。
2. **生地を作る。** ボウルにやわらかくしたクリームチーズを入れ、泡立て器でなめらかになるまで練り、上白糖を加えて混ぜる。
3. 大きめの耐熱容器にマロンペーストを入れ、電子レンジ(200W)で1〜2分加熱してやわらかくなるまで練り、**2**に少しずつ加えて混ぜる。
4. ラム酒、生クリーム、卵白、ヨーグルト、バニラオイルを順に加え、そのつどよく混ぜる。
5. 万能こし器で生地をこし、なめらかにする。
6. バットにのせた**1**に、等分に流し入れる [**a**]。
7. オーブンにバットごと入れて熱湯を天パンに1cm高さに注ぎ、200℃のオーブンで10分、湯せん焼きにする。オーブンの扉を2〜3分開けて温度を下げ、120℃でさらに20分、湯せん焼きにする。
   * 途中、様子を見て、湯がなくなりそうになったら適宜たす。
     直径15cmの型の場合は200℃で15分→140℃で25分。
8. 粗熱がとれたら、型のまま冷蔵庫で3時間以上冷やす。
9. ボウルにマロンクリーム用の生クリームを入れ、底を氷水に当てながら泡立て器で泡立てる。八分立て (やわらかめで、角の先が少し曲がるくらい) にして⅓量を丸口金をつけた絞り出し袋に入れる。**8**を型から出して中心に丸く絞る。
10. **マロンクリームを作る。** 耐熱容器にマロンペーストを入れ、電子レンジ(200W)で1〜2分加熱したらラム酒を加え、やわらかくなるまで練る。
    * マロンペーストはかためなので、よく混ぜて。
11. **9**の残りの生クリームをマロンペーストに少しずつ加えて混ぜる。
12. モンブラン用の口金をつけた絞り出し袋に入れ、外から中心に向かって丸く絞っていき [**b**]、好みでココアパウダーを軽くふる。

BASIC RECIPES

"OLD-FASHIONED BAKED CHEESECAKE"
"BAKED MERINGUE CHEESECAKE"

RECIPE N°10

OLD-FASHIONED BAKED CHEESECAKE 材料と作り方→P28

材料をどんどんボウルに加え、次々混ぜて、オーブンで焼くだけ。今回、紹介しているベイクドチーズケーキの中でも一番、簡単なのがこのオールドファッションベイクドチーズケーキです。クリームチーズの分量を多めにして、コクと奥深さをプラス。濃厚なのに、いくらでも食べられる不思議な味わい。お気に入りレシピに加えてください。

OLD-FASHIONED BAKED CHEESECAKE & BAKED MERINGUE CHEESECAKE | BASIC

RECIPE N°11

BAKED MERINGUE CHEESECAKE 材料と作り方→P36

メレンゲを加えて焼き上げたので、焼きたては全体がぐっと膨らみます。でも少し時間が経つと中央だけがへこみ、写真のように周囲だけきゅっと立ち上がった味わいある形に。食べてみると、左のオールドファッションベイクドよりふんわり感がありつつ、しっとりとした食感です。なお、ボトムなしでも充分おいしいので、そちらもお試しください。

オールドファッションベイクドチーズケーキ

材料　INGREDIENTS

直径18cmの底が取れる丸型・1台分

ボトム
- マリービスケット …… 15枚（約81g）
- 小麦胚芽のクラッカー …… 7枚（約21g）
- バター（食塩不使用）…… 50g

生地
- クリームチーズ …… 200g
- 上白糖 …… 110g
- 卵 …… 3個
- 薄力粉 …… 40g
- プレーンヨーグルト …… 100g
- レモン汁（国産）…… 小さじ4
- 生クリーム …… 100ml
- バニラオイル …… 少々
- レモンの皮（国産）…… 1個分

下準備　PREPARATION

▷ 型の底をアルミホイルで覆う。
  * 湯せんはしないが、焼くと油が出やすいのでアルミホイルで覆うとよい。
▷ ボトムを作り、敷く（右記参照）。
▷ オーブンを160℃に予熱する。
▷ レモンの皮に粗塩（分量外）をこすりつけて洗う。
▷ 耐熱容器にクリームチーズを入れて電子レンジ（200W）で4〜5分加熱し[a]、ゴムべらがすっと入るくらいまでやわらかくする[b]。

a

b

ボトムの作り方　PREPARE THE CRUST

1 ファスナーつきの袋にビスケットとクラッカーを入れ、めん棒でたたいてくだく。

3 耐熱容器にバターを入れてラップをかけ、電子レンジ（200W）で1分〜1分30秒加熱して溶かし、**2**に加える。

2 細かくなったらめん棒を転がし、さらに細かくする。

4 全体になじむようによくもみ混ぜる。

＊ フードプロセッサーで作るときはP10参照。

ボトムの敷き方　PRESS IN THE CRUST

1 型の側面全体にバター（分量外）を塗り、8cm幅に切ったオーブンシートを底からはりつける。

2 ボトムを入れ、スプーンや手などでしっかりと押さえつけて底にぎゅっと敷き詰める。

作り方 　　　　　　　　　　　　　　　　　　　　　　　　　　DIRECTIONS

1 生地を作る。ボウルにやわらかくしたクリームチーズを入れ、泡立て器でなめらかになるまで練る。

2 上白糖、卵1個、薄力粉（ふるい入れる）、ヨーグルト、レモン汁、生クリーム、残りの卵1個ずつ、バニラオイルを順に加え、そのつどよく混ぜる。

万能こし器で**2**をこし、なめらかにする。

レモンの皮をすりおろして加え、混ぜる。
＊　表面だけで白い部分は入れない。

型に流し入れる。

160℃のオーブンで60〜70分焼く。

オーブンから出して、すぐにオーブンシートをはがす。粗熱がとれたら、型のまま冷蔵庫で3時間以上冷やす。

RECIPE N°12

DARK CHERRY CHEESE DANISH

人気のデニッシュペストリーの一つにチェリーデニッシュがありますが、それをモチーフにしてアレンジを加えたのが、こちら。見た目の華やかさとは裏腹に、作り方はとっても簡単！　見栄えもいいのでパーティの持ち寄りにも喜ばれそう。チェリーのみずみずしさが口いっぱいに広がります。

ダークチェリーデニッシュ風
ベイクドチーズケーキ

材料　INGREDIENTS

直径15cmの底が取れる丸型・1台分

ボトム

マリービスケット …… 9枚（約49g）
小麦胚芽のクラッカー …… 4枚（約12g）
バター（食塩不使用）…… 40g

生地

クリームチーズ …… 200g
上白糖 …… 60g
サワークリーム …… 100g
コーンスターチ …… 大さじ1
卵 …… 2個
生クリーム …… 50mℓ
バニラエッセンス …… 少々

［
コーンスターチ …… 大さじ1
レモン汁（国産）…… 小さじ1
］
［
ダークチェリー（缶詰）…… 200g（正味）
上白糖 …… 10g
］

アイシング

粉糖 …… 30g
牛乳（なければ水）…… 小さじ1

ダークチェリー缶

ダークチェリーを砂糖やシロップなどで煮た缶詰。デニッシュペストリーはもちろん、パイでもよく使われる素材。

下準備　PREPARATION

▷ 型の底をアルミホイルで覆う。
▷ ボトムを作り、敷く（P28参照・オーブンシート不要）。
▷ チェリーの水けを取り、上白糖をまぶす。
▷ オーブンを180℃に予熱する。
▷ クリームチーズをやわらかくする（P28参照）。

作り方　DIRECTIONS

1 **生地を作る。** ボウルにやわらかくしたクリームチーズを入れ、泡立て器でなめらかになるまで練る。
2 上白糖、サワークリーム、コーンスターチ大さじ1、卵1個ずつ、生クリーム、バニラエッセンスを順に加え、そのつどよく混ぜる。
3 万能こし器で生地をこし、なめらかにする。
4 コーンスターチ大さじ1はレモン汁で溶き、上白糖をまぶしたチェリーにからめる。
5 型に**3**を流し入れる。
6 180℃のオーブンで30分焼き、生地の表面に薄い膜がはったら取り出して中央に丸く**4**をのせ［**a**］、オーブンに戻し、160℃に下げて40分焼く。
7 粗熱がとれたら、型のまま冷蔵庫で3時間以上冷やす。
8 **アイシングを作る。** 粉糖は牛乳で溶き、どろりとしたら絞り出し袋かポリ袋に入れて角を少し切る。**7**を型から出してアイシングを絞り［**b**］、そのまま乾かす。

かぼちゃの
ベイクドチーズケーキ

シナモンやジンジャーなど、スパイスをきかせ、パンプキンパイのイメージで仕上げたかぼちゃ入りのベイクドチーズケーキ。かぼちゃは「レンジでチン！」でOKなので、思っているよりぐっと手軽に本格的な味わいが楽しめます。ピスタチオをかぼちゃの種に見立て、かわいらしいアクセントに。

RECIPE N°13
BAKED PUMPKIN CHEESECAKE

材料　INGREDIENTS

直径15cmの底が取れる丸型・1台分

ボトム
- マリービスケット …… 9枚（約49g）
- 小麦胚芽のクラッカー …… 4枚（約12g）
- バター（食塩不使用）…… 40g

生地
- かぼちゃ …… 250g
- クリームチーズ …… 200g
- 上白糖 …… 80g
- サワークリーム …… 100g
- バニラオイル …… 少々
- 生クリーム …… 50ml
- 牛乳 …… 50ml
- 卵 …… 2個
- シナモンパウダー …… 小さじ½
- ジンジャーパウダー（あれば）…… 小さじ½

- 生ピスタチオ（皮むき）…… 15〜20粒

作り方　DIRECTIONS

1. **生地を作る**。かぼちゃは皮と種を除き、一口大に切って水にくぐらせる。耐熱容器に入れ、ふんわりとラップをして[a]電子レンジで5〜6分、竹串がスッと通るくらいまで加熱し、150g分計量してフォークでよくつぶす。
2. ボウルにやわらかくしたクリームチーズを入れ、泡立て器でなめらかになるまで練る。
3. 上白糖、サワークリーム、バニラオイル、つぶしたかぼちゃ、生クリーム、牛乳、卵、シナモンパウダー、あればジンジャーパウダーを順に加え、そのつどよく混ぜる。
4. 万能こし器で生地をこし、なめらかにする。
5. 型に流し入れ、ピスタチオを散らす。
6. 160℃のオーブンで1時間焼く。
7. 粗熱がとれたら、型のまま冷蔵庫で3時間以上冷やす。

下準備　PREPARATION

▷ ボトムを作り、敷く（P28参照・オーブンシート不要）。
▷ オーブンを160℃に予熱する。
▷ クリームチーズをやわらかくする（P28参照）。

a

チーズマーブル
ブラウニー

チョコオンリーのブラウニーもいいですが、今回はクリームチーズをたっぷり加え、いっそう深みをプラス。濃厚なマッチングなので、小さめカットでも充分に味が堪能できます（作ったその日から、おいしい）。

材料　INGREDIENTS

15×15×4.5cmのスクエア型・1台分

クリームチーズ生地

- クリームチーズ …… 100g
- 上白糖 …… 20g
- レモン汁(国産) …… 小さじ1
- コーンスターチ …… 大さじ1
- ベーキングパウダー …… 小さじ1/4 (約1g)
- 卵白 …… 1/2個分
- バニラオイル …… 少々

チョコレート生地

- **A**
  - スイートチョコレート(製菓用) …… 100g
  - 上白糖 …… 60g
  - バター(食塩不使用) …… 60g
  - 熱湯 …… 大さじ1
  - 卵黄 …… 1個分
  - 卵白 …… 1/2個分
- **B**
  - 薄力粉 …… 40g
  - ベーキングパウダー …… 小さじ1/2
- くるみ …… 40g

下準備　PREPARATION

▷ くるみをフライパンで軽く色づかない程度に炒り、粗みじん切りにする。
▷ 型にバター(分量外)を塗り、オーブンシートを敷く[a]。
▷ オーブンを160℃に予熱する。
▷ クリームチーズをやわらかくする(P28参照)。

作り方　DIRECTIONS

1. **チーズ生地を作る。** ボウルにやわらかくしたクリームチーズを入れ、泡立て器でなめらかになるまで練る。
2. 上白糖、レモン汁、コーンスターチ、ベーキングパウダー、卵白、バニラオイルを順に加え、そのつどよく混ぜる。
3. **チョコレート生地を作る。** 耐熱ボウルに**A**を入れて電子レンジで1～2分加熱し、溶かす。
4. 泡立て器で混ぜ、なめらかになったら**B**をふるい入れて混ぜ、刻んだくるみを加えて混ぜる。
5. **2**と**4**の生地をそれぞれスプーンで1杯ずつ取り、型に交互に置く。マーブル模様を描くように菜ばしをクルクルと動かす[**b**]。
6. 160℃のオーブンで20分焼いて冷まし、完全に冷めたらスクエア型に切る(翌日以降はラップをして冷蔵庫へ)。

a

b

RECIPE N°14
CHEESECAKE MARBLE BROWNIE

パルミジャーノのパウンドチーズケーキ

味わい深いパルミジャーノの個性が存分に感じられるパウンドチーズケーキ。黒こしょうをきかせた大人のスイーツだから、白ワインにもぴったりです。パルミジャーノチーズをたっぷり加えているので、焼いているそばからチーズの香ばしい香りが。混ぜムラがあると膨らみにくいので、しっかり混ぜて。

材料　INGREDIENTS

23×9×8cmのパウンド型・1台分

生地

- バター(食塩不使用) …… 150g
- 上白糖 …… 120g
- バニラオイル …… 少々
- 塩 …… 小さじ1
- A │ 薄力粉 …… 200g
  │ ベーキングパウダー …… 小さじ2
- 卵 …… 3個
- 牛乳 …… 60㎖
- パルミジャーノチーズ …… 100g
- 粗びき黒こしょう …… 小さじ2

パルミジャーノチーズ
イタリアを代表するチーズの一つで、イタリアチーズの王様という異名も。加えるだけで味が格段に上がる。

下準備　PREPARATION

▷ バターを室温に戻し、やわらかくする。
▷ 型にバター(分量外)を塗り、オーブンシートを敷く。
▷ パルミジャーノチーズをすりおろして細かくする。
▷ オーブンを160℃に予熱する。
▷ Aを合わせてふるう。

作り方　DIRECTIONS

1. **生地を作る**。ボウルにバターを入れ、泡立て器でなめらかになるまで練る。
2. 上白糖、バニラオイル、塩を順に加え、そのつどよく混ぜる。
3. **A**の$\frac{1}{3}$量ほどをふるい入れ、卵1個、牛乳の$\frac{1}{3}$量ほどを加えて混ぜる。これを2回くり返す。
   * 一度に全量、加えると分離するので、3回に分けて加え、そのつど混ぜて。
4. なめらかになったらパルミジャーノチーズ90g、黒こしょうを加えて混ぜる。
5. ゴムべらに持ち替え、ムラにならないよう底から返しながら混ぜる。
6. 型に流し入れ、表面に残りのパルミジャーノチーズを散らす。
7. 160℃のオーブンで20分焼いて冷まし、完全に冷めたら切る(翌日以降はラップをして冷蔵庫へ)。

RECIPE N°15
PARMESAN POUND CHEESECAKE

プルーンとラム酒のベイクドチーズケーキ

実は好相性の組み合わせなのが、プルーン×ラム酒。プルーンのこっくりとした味わいとラム独特の深い甘み＆いい香りは、大人に人気の一品です。それでいて作るのはとても簡単。プルーンを底に置き、ラム酒を加えた生地を流し込んで焼けば、でき上がり。

RECIPE N°16

PRUNE AND RUM CHEESECAKE

材料　INGREDIENTS

直径18cmの底が取れる丸型・1台分

ボトム
- マリービスケット …… 15枚（約81g）
- 小麦胚芽のクラッカー …… 7枚（約21g）
- バター（食塩不使用）…… 50g

生地
- クリームチーズ …… 200g
- 上白糖 …… 100g
- 薄力粉 …… 50g
- 卵 …… 3個
- 生クリーム …… 60㎖
- プレーンヨーグルト …… 50g
- レモン汁（国産）…… 大さじ1
- ラム酒 …… 大さじ3
- ドライプルーン（種抜き）…… 12〜13個

ラム酒
さとうきびの絞り汁などを原料として作られる蒸留酒。焼き菓子の風味づけとしても多く使われる。

下準備　PREPARATION

▷ 型の底をアルミホイルで覆う。
▷ ボトムを作り、敷く（P28参照・オーブンシート不要）。
▷ プルーンがかたければ、熱湯を回しかけてやわらかくする。
　＊ ソフトタイプはそのままで。
▷ オーブンを160℃に予熱する。
▷ クリームチーズをやわらかくする（P28参照）。

作り方　DIRECTIONS

1. 型の底にプルーンをバランスよく並べる。
2. **生地を作る**。ボウルにやわらかくしたクリームチーズを入れ、泡立て器でなめらかになるまで練る。
3. 上白糖、薄力粉（ふるい入れる）、卵1個ずつ、生クリーム、ヨーグルト、レモン汁、ラム酒を順に加え、そのつどよく混ぜる。
4. 万能こし器で生地をこし、なめらかにする。
5. 型に流し入れる。
6. 160℃のオーブンで1時間10分焼く。
7. 粗熱がとれたら、型のまま冷蔵庫で3時間以上冷やす。

ベイクドメレンゲチーズケーキ

材料　INGREDIENTS

直径18cmの底が取れる丸型・1台分

ボトム
- マリービスケット …… 15枚（約81g）
- 小麦胚芽のクラッカー …… 7枚（約21g）
- バター（食塩不使用）…… 50g

＊ ボトムなしでもおいしい。

生地
- クリームチーズ …… 200g
- 上白糖 …… 50g
- サワークリーム …… 100g
- 卵黄 …… 3個分
- 薄力粉 …… 40g
- 生クリーム …… 100mℓ
- レモン汁（国産）…… 小さじ2
- バニラオイル …… 少々
- レモンの皮（国産）…… 1個分
- ［卵白 …… 3個分
- 　上白糖 …… 60g

ボトムの作り方　PREPARE THE CRUST

1 ファスナーつきの袋にビスケットとクラッカーを入れ、めん棒でたたいてくだく。

3 耐熱容器にバターを入れてラップをかけ、電子レンジ（200W）で1分〜1分30秒加熱して溶かし、**2**に加える。

2 細かくなったらめん棒を転がし、さらに細かくする。

＊ フードプロセッサーで作るときはP10参照。

4 全体になじむようによくもみ混ぜる。

下準備　PREPARATION

▷ 型の底をアルミホイルで覆う。
▷ ボトムを作り、敷く（右記参照）。
▷ レモンの皮に粗塩（分量外）をこすりつけて洗ったら、黄色い部分だけをすりおろし、ラップではさむ。
▷ オーブンを160℃に予熱する。
▷ 耐熱容器にクリームチーズを入れて電子レンジ（200W）で4〜5分加熱し**[a]**、ゴムべらがすっと入るくらいまでやわらかくする**[b]**。

a

b

ボトムの敷き方　PRESS IN THE CRUST

1 型の側面全体にバター（分量外）を塗り、10cm幅に切ったオーブンシートを底からはりつける。

2 ボトムを入れ、スプーンや手などでしっかりと押さえつけて底に敷き詰める。

作り方　　　　　　　　　　　　　　　　　　DIRECTIONS

1 生地を作る。ボウルにやわらかくしたクリームチーズを入れ、泡立て器でなめらかになるまで練る。

2 上白糖50g、サワークリーム、卵黄、薄力粉(ふるい入れる)、生クリーム、レモン汁、バニラオイル、レモンの皮を順に加え、そのつどよく混ぜる。

3 別のボウルに卵白を入れて泡立て、ふんわりしてきたら上白糖60gを3回に分けて加えながらさらに泡立て、角がピンと立つしっかりとしたメレンゲにする。

4 2に3のメレンゲの1/3量ほどを加えて泡立て器で混ぜ、泡が残っているうちに残りのメレンゲの1/2量を加えて混ぜ、さらにまだ泡が残っているうちに残りのメレンゲも加えて混ぜる。だいたい混ざったら、ゴムべらで底からすくうようにして混ぜ、型に流し入れる。

5 160℃のオーブンで1時間焼く。

6 粗熱がとれたら、型のまま冷蔵庫で3時間以上冷やす。

RECIPE N°17
BAKED STRAWBERRY MERINGUE CHEESECAKE

いちご色したロマンチックなチーズケーキ。いちごピュレにいちごソースと、いちごづくしのおいしさをとことん味わって。卵黄が余ってしまうので、ぜひ、一緒に作ってほしいのがアングレーズソース。卵のマイルドなやさしさが酸味あるいちごにぴったり。作りがいあるソースです！

いちごのベイクドメレンゲチーズケーキ

材料　　　　　　　　　　　　　　　　　　　　　　INGREDIENTS
直径18cmの底が取れる丸型・1台分

ボトム
- マリービスケット …… 15枚 (約81g)
- 小麦胚芽のクラッカー …… 7枚 (約21g)
- バター (食塩不使用) …… 50g

生地
- クリームチーズ …… 200g
- サワークリーム …… 100g
- レモン汁 (国産) …… 大さじ1
- 薄力粉 …… 40g
- いちごピュレ (冷凍) …… 100g
- 卵白 …… 6個分
- 上白糖 …… 100g

〈いちごソース〉
- いちご …… 1パック (200〜250g)
- ＊ 色の濃いいちごはデコレーション用に5個取っておく。
- 上白糖 …… 50g
- レモン汁 (国産) …… 大さじ1
- ラズベリー (フレッシュ、または冷凍) …… 4〜5個
- ＊ ラズベリーを加えると、さらに色がよくなる。

デコレーション
- 粉糖 (あれば) …… 少々
- ＊ 「泣かない粉糖」(時間が経ってもきれいに残ったままの粉糖)だとベスト。
- いちご …… 5個

下準備   PREPARATION

▷ いちごピュレを解凍する。
▷ 型の底をアルミホイルで覆う。
    * 湯せんはしないが、焼くと油が出やすいのでアルミホイルで覆うとよい。
▷ 型の側面全体にバター(分量外)を塗り、10cm幅に切ったオーブンシートをはりつける。
▷ ボトムを作り、敷く(P36参照)。
▷ オーブンを160℃に予熱する。
▷ クリームチーズをやわらかくする(P36参照)。

作り方   DIRECTIONS

1 **いちごソースを作る**。いちごはへたを取って洗い、水けをきる。耐熱容器にソースの材料をすべて入れ[a]、電子レンジで15分加熱し[b]、100gに計量したら、フードプロセッサー(ミキサーでも)で細かくする。
    * フォークでつぶしたり、裏ごししたりしても。

2 **生地を作る**。ボウルにやわらかくしたクリームチーズを入れ、泡立て器でなめらかになるまで練る。

3 サワークリーム、レモン汁、薄力粉(ふるい入れる)、**1**のいちごソース、いちごピュレを順に加え、そのつどよく混ぜる。

4 別のボウルに卵白を入れて泡立て、ふんわりしてきたら上白糖を3回に分けて加えながらさらに泡立て、角がピンと立つしっかりとしたメレンゲにする。

5 **3**に**4**のメレンゲの1/3量ほどを加えて[c]泡立て器で混ぜ、泡が残っているうちに残りのメレンゲの1/2量を加えて混ぜ、さらにまだ泡が残っているうちに残りのメレンゲも加えて混ぜる。だいたい混ざったら、ゴムべらで底からすくうようにして混ぜ[d]、型に流し入れる。

6 160℃のオーブンで1時間10分焼く。

7 粗熱がとれたら、型のまま冷蔵庫で3時間以上冷やす。

8 **7**を型から出し、あれば粉糖を一面にふり、いちごを縦半分に切って飾る。
    * いちごのない季節はいちごソースの代わりに、いちごピュレを200gにして同様に作る。

余った卵黄で アングレーズソース作り

材料と作り方(作りやすい分量)

1 ボウルに卵黄6個分、上白糖50gを入れ、すぐによくすり混ぜる。

2 鍋に牛乳300ml、上白糖50g、さやから出したバニラビーンズ1/3本分とさや(なければ最後にバニラオイル少々を加える)を入れて混ぜ、中火にかける。沸騰したら**1**に少しずつ加えて混ぜ、鍋に戻す。

3 弱火にして絶えず混ぜ、とろみがついて鍋底からぷくっと泡が出てきたら、鍋をぬれ布巾に置いて一瞬冷ます(ブクブク沸騰させると、激しく分離するので注意)。

4 万能こし器でこし、冷蔵庫で冷やす。

RECIPE N°18

BAKED APRICOT MERINGUE CHEESECAKE

カジュアルなプチタルト風のアプリコットベイクドは、小さく軽くて、いくらでも食べられそう。ポイントは、アプリコットをのせるタイミング。最初からだと、アプリコットの重さと水分でメレンゲが消えて沈んでしまうこともあるので、膨らんだところで一度、オーブンを開け、のせてあげて。そうしてこそ、色よく、アプリコットのジューシィさも味わえるのです。

アプリコットの
ベイクドメレンゲチーズケーキ

材料　INGREDIENTS

直径7cmのマフィン型・6個分

生地

クリームチーズ …… 100g
卵黄 …… 1個分
薄力粉 …… 大さじ1
レモン汁(国産) …… 小さじ1
バニラオイル …… 少々
[卵白 …… 1個分
[上白糖 …… 30g

アプリコット(缶詰) …… 6個
アプリコットジャム …… 少々

デコレーション
ミント …… 適量

下準備　PREPARATION

▷ 型の底にそれぞれ直径6cmの円形に切ったオーブンシートを敷く[a]。
▷ アプリコットの水けをキッチンペーパーでふく。
▷ オーブンを160℃に予熱する。
▷ クリームチーズをやわらかくする(P36参照)。

作り方　DIRECTIONS

1 **生地を作る**。ボウルにやわらかくしたクリームチーズを入れ、泡立て器でなめらかになるまで練る。
2 卵黄、薄力粉(ふるい入れる)、レモン汁、バニラオイルを順に加え、そのつどよく混ぜる。
3 別のボウルに卵白を入れて泡立て、ふんわりしてきたら上白糖を3回に分けて加えながらさらに泡立て、角がピンと立つしっかりとしたメレンゲにする。
4 **2**に**3**を3回に分けて加え混ぜ、型にスプーンなどで等分に入れる[b]。
5 160℃のオーブンで15分焼いたら取り出してアプリコットをのせ[c]、再びオーブンに戻し、25分焼く。
6 粗熱がとれたら、型のまま冷蔵庫で2時間以上冷やす。
7 型の縁に沿ってパレットナイフをさし込み、一周させて型からはずす。
8 耐熱容器にアプリコットジャムを入れ、電子レンジで30秒ほど加熱し、沸騰したら茶こしなどでこす[d]。
9 温かいうちにはけでアプリコットの表面に塗ってツヤを出し、ミントを飾る。

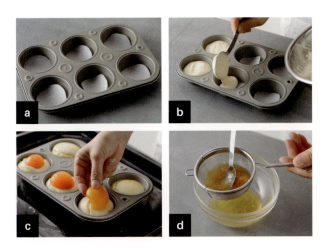

RECIPE N°19

BAKED RICOTTA AND NUTS MERINGUE CHEESECAKE

イタリアの淡泊なチーズ、リコッタに、イタリアンなナッツをびっしりと敷き詰めた、イタリア風チーズケーキ。レモンのフレッシュな香りもさわやかで、大人ならこれも白ワインのお供になりそうなスイーツです。リコッタチーズが手に入らなければ、カッテージチーズで。同じ分量＆同じ作り方でOKです。

リコッタ&木の実の
ベイクドメレンゲチーズケーキ

材料　INGREDIENTS

直径15cmの底が取れる丸型・1台分

ボトム

直径15〜18cmの市販のプレーン
　スポンジケーキ …… 1枚

生地

リコッタチーズ …… 250g
粗塩 …… 小さじ 2/3
上白糖 …… 40g
バター(食塩不使用) …… 50g
卵黄 …… 2個分
レモン汁(国産) …… 大さじ2
薄力粉 …… 40g
┌ 卵白 …… 2個分
└ 上白糖 …… 40g

松の実 …… 40g
生ピスタチオ(皮むき) …… 10g

リコッタチーズ
南イタリア原産のフレッシュチーズ。チーズながら乳脂肪分が少なく、ほんのり甘いあっさりタイプ。

作り方　DIRECTIONS

1. **生地を作る。**ボウルにリコッタチーズを入れ、泡立て器でなめらかになるまで練る。
2. 塩、上白糖40g、バター、卵黄、レモン汁を順に加え、そのつどよく混ぜる。
3. 薄力粉をふるい入れて混ぜる。
4. 別のボウルに卵白を入れて泡立て、ふんわりしてきたら上白糖40gを3回に分けて加えながらさらに泡立て、角がピンと立つしっかりとしたメレンゲにする。
5. **3**に**4**のメレンゲの1/3量ほどを加えて**[a]**泡立て器で混ぜ、泡が残っているうちに残りのメレンゲの1/2量を加えて混ぜ、さらにまだ泡が残っているうちに残りのメレンゲも加えて混ぜる。だいたい混ざったら、ゴムべらで底からすくうようにして混ぜ、型に流し入れる**[b]**。
6. 松の実を一面にのせたら、バランスよくピスタチオを散らす**[c]**。
7. 160℃のオーブンで1時間焼く**[d]**。
8. 粗熱がとれたら、型のまま冷蔵庫で3時間以上冷やす。

下準備　PREPARATION

▷ バターを室温に戻し、やわらかくする。
▷ スポンジケーキを直径15cmの円形、1cm厚さに切り(P47参照)、型の底に敷く。
▷ オーブンを160℃に予熱する。

RECIPE N°20

SALMON AND DILL CAKE SALÉ

スモークサーモン入りと聞くと驚くかもしれませんが、ディルとあいまって実に大人な味わい。スパークリングワインや白ワインがぴったりな塩味のケークサレです。おもてなしにも喜ばれること、間違いなし。なお、このケークサレは常温がおいしいので、冷蔵庫で保存していたら食べる1時間前には冷蔵庫から出して。

スモークサーモン&ディルのケークサレ

材料　INGREDIENTS

直径15cmの底が取れる丸型・1台分

ボトム
- 小麦胚芽のクラッカー …… 19枚（約57g）
- バター（食塩不使用）…… 40g

生地
- クリームチーズ …… 140g
- サワークリーム …… 100g
- 粗塩 …… 小さじ1/2
- 卵黄 …… 2個分
- 薄力粉 …… 40g
- 粗びき黒こしょう …… 小さじ1
- [卵白 …… 2個分
-   上白糖 …… 30g]

- クリームチーズ …… 60g
- スモークサーモン …… 60g
- フレッシュディル …… 3本
- ＊ なければドライディルを使用。あるいはなくても。

下準備　PREPARATION

▷ 型の底をアルミホイルで覆う。
　＊ 湯せんはしないが、焼くと油が出やすいのでアルミホイルで覆うとよい。
▷ ボトムを作り、敷く（P36参照）。
▷ ディルの葉を摘む（葉のみ使用）。
▷ オーブンを180℃に予熱する。
▷ クリームチーズ60gを2cm角に切り、140gを電子レンジ（200W）でやわらかくする（P36参照）。

作り方　DIRECTIONS

1. **生地を作る。** ボウルにやわらかくしたクリームチーズを入れ、泡立て器でなめらかになるまで練る。
2. サワークリーム、塩、卵黄、薄力粉（ふるい入れる）、黒こしょうを順に加え、そのつどよく混ぜる。
3. 別のボウルに卵白を入れて泡立て、ふんわりしてきたら上白糖を3回に分けて加えながらさらに泡立て、角がピンと立つしっかりとしたメレンゲにする。
4. **2**に**3**のメレンゲの1/3量ほどを加えて泡立て器で混ぜ、泡が残っているうちに残りのメレンゲの1/2量を加えて混ぜ、さらにまだ泡が残っているうちに残りのメレンゲも加えて混ぜる。だいたい混ざったら、ゴムべらで底からすくうようにして混ぜる。
5. 型に生地の1/2量を流し入れ、スモークサーモンの1/2量をちぎってのせ、その上に角切りにしたクリームチーズの1/2量を散らし、ディルの1/2量を散らす。
6. 残りの生地の1/2量を流して **[a]** 残りのスモークサーモンをちぎってのせ、残りのクリームチーズ、ディルの1/2量を散らす。
7. 残りの生地を上に流し、残りのディルを放射状に置く **[b]**。
8. 180℃のオーブンで約1時間焼いて冷ます **[c]**。
　＊ 冷蔵庫に保存したら、食べる前に1時間ほどおいて室温に戻して。

BASIC RECIPE

"SOUFFLÉ CHEESECAKE"

RECIPE N°21

SOUFFLÉ CHEESECAKE

フォークを入れると、ジュワッと音がしそうなほど、ふんわり、しっとり。その秘密はメレンゲの泡立てにあり。角がピンと立つようなメレンゲではなく、初めから上白糖を全部入れ、すくうととろりとするような、ゆっくり流れるアイシング状にするのがポイントです。ぜひ、このコツをつかんでとろけるスフレを味わって。

スフレチーズケーキ

材料　INGREDIENTS

直径15cmの底が取れる丸型・1台分

ボトム
直径15〜18cmの市販のプレーン
　スポンジケーキ ……　1枚

生地
クリームチーズ ……　200g
卵黄 ……　3個分
レモン汁(国産) ……　大さじ1 1/2
バニラオイル ……　少々
コーンスターチ ……　大さじ2
牛乳 ……　100ml
[卵白 ……　3個分
  上白糖 ……　70g

下準備　PREPARATION

▷ 型の底をアルミホイルで覆う。
▷ スポンジケーキを直径15cmの円形、1cm厚さに切り、型の底に敷く(右記参照)。
▷ オーブンを180℃に予熱する。
▷ 湯せん用の湯を沸かす。
▷ 耐熱容器にクリームチーズを入れて電子レンジ(200W)で4〜5分加熱し[a]、ゴムべらがすっと入るくらいまでやわらかくする[b]。

a

b

ボトムの作り方　PREPARE THE SPONGE

1 スポンジケーキは型に合わせて丸くカットする(15cmのものはそのまま)。

2 添え木などを置いて1cm厚さに切る。

ボトムの敷き方　PUT IN THE SPONGE

1 型の側面の上部2cmにバター(分量外)を塗り、5cm幅に切ったオーブンシートを型より3cm上に出るよう、上部だけにぐるりとはりつける。

＊ 表面がつるっとしたオーブンシートがおすすめ。

2 スポンジを敷く。

作り方

1 生地を作る。ボウルにやわらかくしたクリームチーズを入れ、泡立て器でなめらかになるまで練る。

卵黄、レモン汁、バニラオイル、コーンスターチ、牛乳を順に加え、そのつどよく混ぜる。

3 万能こし器で**2**をこし、なめらかにする。

別のボウルに卵白と上白糖を入れて泡立て、ふんわりし、アイシング状のつやが出てとろとろとゆっくり流れるくらいまで泡立てる。
＊ 角がピンと立つメレンゲとは違い、とろりとした感じでOK。

DIRECTIONS

3に**4**を3回に分けて加え混ぜ、最後、ゴムべらに持ち替えて底からすくうように混ぜる。

バットにのせた型に流し入れる。
＊　あふれそうになるが、オーブンシートがあるので大丈夫。

オーブンにバットごと入れて熱湯をバットに1cm高さに注ぎ、180℃のオーブンで15分、140℃に下げて45分、湯せん焼きにする。
＊　途中、様子を見て、湯がなくなりそうになったら適宜たす。

オーブンから出して、すぐにオーブンシートをはがす。粗熱がとれたら、型のまま冷蔵庫で3時間以上冷やす。

RECIPE N°22

CHEESECAKE JAPONAIS SOUFFLÉ AU THÉ MATCHA

あずきと程よく混じりあいつつ、抹茶の香りが口いっぱいに。深緑色の、これぞ、ザ・ジャパニーズ・チーズケーキ。そしてホロホロととろけてしまう、やわらかさも堪能してください。底に敷くスポンジをプレーンタイプにすると、あずきや抹茶とのコントラストがより鮮明に。

抹茶のジャポネスフレチーズケーキ

材料　INGREDIENTS

直径15cmの底が取れる丸型・1台分

ボトム
直径15〜18cmの市販のココア
　スポンジケーキ
　　…… 1枚
* プレーンスポンジケーキでも。ただし抹茶の色が少しうつることも。

生地
クリームチーズ …… 200g
卵黄 …… 3個分
コーンスターチ …… 大さじ2
抹茶 …… 大さじ2
レモン汁(国産) …… 大さじ1
牛乳 …… 100ml
［卵白 …… 3個分
　上白糖 …… 80g

ゆであずき(缶詰) …… 90g

下準備　PREPARATION

▷ 型の底をアルミホイルで覆う。
▷ スポンジケーキを直径15cmの円形、1cm厚さに切る(P47参照)。
▷ 型の側面の上部2cmにバター(分量外)を塗り、5cm幅に切ったオーブンシートを型より3cm上に出るよう、上部だけにぐるりとはりつける。
▷ スポンジを敷く(P47参照)。
▷ オーブンを180℃に予熱する。
▷ 湯せん用の湯を沸かす。
▷ クリームチーズをやわらかくする(P47参照)。

作り方　DIRECTIONS

1 ゆであずきは1/2量をスポンジの上に広げる[**a**]。
2 **生地を作る**。ボウルにやわらかくしたクリームチーズを入れ、泡立て器でなめらかになるまで練る。
3 卵黄、コーンスターチ、抹茶、レモン汁、牛乳を順に加え[**b**]、そのつどよく混ぜる。
4 万能こし器で**3**をこし、なめらかにする。
5 別のボウルに卵白と上白糖を入れて泡立て、ふんわりし、アイシング状のつやが出てとろとろとゆっくり流れるくらいの状態になったら(P48参照)、**4**に3回に分けて加え混ぜ、最後、ゴムべらに持ち替えて底からすくうように混ぜる。
6 型に生地の1/2量を流し入れる[**c**]。
7 残りのあずきを散らし、残りの生地を上に流してバットにのせる。
8 オーブンにバットごと入れて熱湯をバットに1cm高さに注ぎ、180℃のオーブンで20分、150℃に下げて40分、湯せん焼きにする。
　* 途中、様子を見て、湯がなくなりそうになったら適宜たす。
9 オーブンから出してすぐにオーブンシートをはがす。粗熱がとれたら、型のまま冷蔵庫で3時間以上冷やす。

RECIPE N°23
MANGO SOUFFLÉ CHEESECAKE

鮮やかなオレンジイエローはたっぷりと入ったマンゴーピュレの仕業。南国を思わせる夏向きのスフレチーズケーキは、見た目はもちろん、味わいもさわやか。さっぱりしていて軽い食感。あっという間になくなりそう。

マンゴーのスフレチーズケーキ

材料　INGREDIENTS

直径15cmの底が取れる丸型・1台分

ボトム
直径15〜18cmの市販のプレーン
　スポンジケーキ …… 1枚

生地
クリームチーズ …… 200g
卵黄 …… 3個分
コーンスターチ …… 大さじ3
レモン汁（国産）…… 20ml
マンゴーピュレ（冷凍、缶詰など）…… 120g
［卵白 …… 3個分
　上白糖 …… 80g

デコレーション
粉糖 …… 適宜
＊「泣かない粉糖」（P38参照）だとベスト。

下準備　PREPARATION

▷ マンゴーピュレが冷凍の場合は解凍する。
▷ 型の底をアルミホイルで覆う。
▷ スポンジケーキを直径15cmの円形、1cm厚さに切る（P47参照）。
▷ 型の側面の上部2cmにバター（分量外）を塗り、5cm幅に切ったオーブンシートを型より3cm上に出るよう、上部だけにぐるりとはりつける。
▷ スポンジを敷く（P47参照）。
▷ オーブンを180℃に予熱する。
▷ 湯せん用の湯を沸かす。
▷ クリームチーズをやわらかくする（P47参照）。

作り方　DIRECTIONS

1　**生地を作る**。ボウルにやわらかくしたクリームチーズを入れ、泡立て器でなめらかになるまで練る。
2　卵黄、コーンスターチ、レモン汁、マンゴーピュレを順に加え[**a**]、そのつどよく混ぜる。
3　万能こし器で**2**をこし、なめらかにする。
4　別のボウルに卵白と上白糖を入れて泡立て、ふんわりし、アイシング状のつやが出てとろとろとゆっくり流れるくらいの状態になったら（P48参照）、**3**に3回に分けて加え混ぜ、最後、ゴムべらに持ち替えて底からすくうように混ぜる。
5　バットにのせた型に流し入れる[**b**]。
6　オーブンにバットごと入れて熱湯をバットに1cm高さに注ぎ、180℃のオーブンで20分、140℃に下げて40分、湯せん焼きにする。
　＊途中、様子を見て、湯がなくなりそうになったら適宜たす。
7　オーブンから出して、すぐにオーブンシートをはがす。粗熱がとれたら、型のまま冷蔵庫で3時間以上冷やす。
8　型から出し、あれば粉糖をふる。

RECIPE N°24

TEA SOUFFLÉ CHEESECAKE

口当たりソフトな紅茶のスフレ。濃いめに煮出した紅茶と、さらに茶葉をそのまま加えているのでアールグレイの香りがふんわりと広がります。型から取り出すことなくグラタン皿から取り分けると、ぐっとカジュアルな雰囲気に。焼きたての熱々でも、冷やして食べてもお好み次第。

紅茶のスフレチーズケーキ

材料　INGREDIENTS

27×17×3.5cmのオーバル形グラタン皿・1台分

生地

- クリームチーズ …… 200g
- 卵黄 …… 2個分
- コーンスターチ …… 大さじ2
- レモン汁（国産）…… 小さじ2

〈ミルクティー〉
- 牛乳 …… 100㎖
- 紅茶（アールグレイ）のティーバッグ …… 3袋
- 水 …… 30㎖

A
- 紅茶（アールグレイ）のティーバッグ …… 1袋
- 熱湯 …… 小さじ2

- 卵白 …… 2個分
- 上白糖 …… 60g

下準備　PREPARATION

▷ **ミルクティーを作る**。小鍋にすべての材料を入れ、沸騰したら1分間、中火で煮出して[a]火を止める。ふたをして3分蒸らし、ティーバッグをぎゅっと絞って100㎖に計量する。
　＊たりない場合は牛乳をプラスする。
▷ Aのティーバッグは袋から茶葉を出して耐熱容器に入れ、分量の熱湯を注いでラップをし[b]、蒸らす。
▷ オーブンを160℃に予熱する。
▷ 湯せん用の湯を沸かす。
▷ クリームチーズをやわらかくする（P47参照）。

作り方　DIRECTIONS

1. **生地を作る**。ボウルにやわらかくしたクリームチーズを入れ、泡立て器でなめらかになるまで練る。
2. 卵黄、コーンスターチ、レモン汁、ミルクティーを順に加え、そのつどよく混ぜる。
3. 万能こし器で**2**をこし、なめらかにする。
4. **A**の茶葉を加えて[c]混ぜる。
5. 別のボウルに卵白と上白糖を入れて泡立て、ふんわりし、アイシング状のつやが出てとろとろとゆっくり流れるくらいの状態になったら(P48参照)、**4**に3回に分けて加え混ぜ、最後、ゴムべらに持ち替えて底からすくうように混ぜる。
6. バットにのせた型に流し入れる[d]。
7. オーブンにバットごと入れて熱湯をバットに1cm高さに注ぎ、160℃のオーブンで40～50分、湯せん焼きにする。
　＊途中、様子を見て、湯がなくなりそうになったら適宜たす。
8. オーブンから出し、すぐに食べる。
　＊冷やして食べてもOK。保存は冷蔵庫で。

a

b

c

d

BASIC RECIPE
"SOUR CREAM TOPPED CHEESECAKE"

RECIPE N°25

SOUR CREAM TOPPED CHEESECAKE

このチーズケーキは、二度焼きします。まず普通のチーズケーキ生地を流して一度焼き、次にサワークリームで作った生地をのせて、もう一度。ひと手間と感じるかもしれませんが、これが実に味わい深く、「こんなチーズケーキがあったなんて!?」と思うはず。側面に高く敷き詰めたボトムもリッチな食感をプラス。3つの味を一緒に口にすれば、誰もがとりこに。

サワークリームトップチーズケーキ

材料　INGREDIENTS

直径15cmの底が取れる丸型・1台分

ボトム
- マリービスケット …… 18枚（約97g）
- 小麦胚芽のクラッカー …… 9枚（約27g）
- バター（食塩不使用）…… 100g

生地
- クリームチーズ …… 200g
- 上白糖 …… 60g
- 生クリーム …… 100ml
- 卵 …… 2個
- 牛乳 …… 50ml
- レモン汁（国産）…… 大さじ1
- バニラオイル …… 少々

トップ生地
- サワークリーム …… 150g
- 粉糖 …… 大さじ4
- 生クリーム …… 小さじ1

下準備　PREPARATION

▷ ボトムを作り、敷く（右記参照）。
▷ オーブンを160℃に予熱する。
▷ 耐熱容器にクリームチーズを入れて電子レンジ(200W)で4〜5分加熱し[a]、ゴムべらがすっと入るくらいまでやわらかくする[b]。

ボトムの作り方　PREPARE THE CRUST

1 ファスナーつきの袋にビスケットとクラッカーを入れ、めん棒でたたいてくだく。

3 耐熱容器にバターを入れてラップをかけ、電子レンジ(200W)で1分〜1分30秒加熱して溶かし、**2**に加える。

2 細かくなったらめん棒を転がし、さらに細かくする。

＊ フードプロセッサーで作るときはP10参照。

4 全体になじむようによくもみ混ぜる。

ボトムの敷き方　PRESS IN THE CRUST

1 ボトムを型に入れ、型の側面に手で生地をはりつけ、しっかり押さえつける。

2 スプーンで側面が5mmくらいの厚みになるように削りつつ、ときどきぎゅっと押さえつける。側面ができたら、下に落ちた分で底を敷き詰める。

作り方

1 **生地を作る**。ボウルにやわらかくしたクリームチーズを入れ、泡立て器でなめらかになるまで練る。

上白糖、生クリーム、卵、牛乳、レモン汁、バニラオイルを順に加え、そのつどよく混ぜる。

万能こし器で生地をこし、なめらかにする。

型に流し入れる。

160℃のオーブンで1時間焼く。

オーブンから出し、粗熱がとれたら、型のまま冷蔵庫で1時間ほど冷やす。

＊ 膨らんでいた生地（**5**）がこんなふうに落ち着く。

DIRECTIONS

7 オーブンを180℃に予熱する。

8 **トップ生地を作る**。耐熱容器にサワークリーム、粉糖、生クリームを入れて混ぜ、電子レンジで20〜30秒加熱する。

11 オーブンから出し、粗熱がとれたら、型のまま冷蔵庫で3時間以上冷やす。
* 焼き上がりは表面が盛り上がっているが次第にしぼんでいく。

9 混ぜてとろとろになったら、**6**の上に流し入れる。

10 180℃のオーブンで5〜6分焼く。

RECIPE N°26

SOUR CREAM TOPPED BERRY CHEESECAKE

チーズケーキはベリーと相性抜群。ベリーの酸味や甘みが、チーズケーキのおいしさをぐっと際立たせてくれるのです。また、見た目のかわいらしさが演出できるのもベリーのよさ。ブルーベリーやクランベリー、ラズベリー、ブラックベリーなど、小粒で華やかな色のものをたっぷり飾ってください。ミントを散らしてもステキです。

ベリーのサワークリームトップチーズケーキ

材料　INGREDIENTS

直径15cmの底が取れる丸型・1台分

ボトム
- マリービスケット …… 18枚(約97g)
- 小麦胚芽のクラッカー …… 9枚(約27g)
- バター(食塩不使用) …… 100g

生地
- クリームチーズ …… 200g
- 上白糖 …… 60g
- 生クリーム …… 100ml
- 卵 …… 2個
- レモン汁(国産) …… 大さじ1
- バニラオイル …… 少々

- 好みのベリー …… 全部で20～25個
  * ブルーベリーやクランベリー、ラズベリー、ブラックベリーなど。フレッシュでも冷凍でも、冷凍のミックスでもOK。

トップ生地
- サワークリーム …… 150g
- 粉糖 …… 大さじ4
- 生クリーム …… 小さじ1

デコレーション
- 好みのベリー …… 適量

下準備　PREPARATION

▷ ボトムを作り、敷く(P57参照)。
▷ オーブンを160℃に予熱する。
▷ クリームチーズをやわらかくする(P57参照)。

作り方　DIRECTIONS

1. **生地を作る。**ボウルにやわらかくしたクリームチーズを入れ、泡立て器でなめらかになるまで練る。
2. 上白糖、生クリーム、卵、レモン汁、バニラオイルを順に加え、そのつどよく混ぜる。
3. 万能こし器で生地をこし、なめらかにする。
4. 型に生地の1/2量を流し入れ、ベリーの1/2量をのせ、さらに上から残りの生地を流して[a]残りのベリーをのせ、生地に押し込む。
5. 160℃のオーブンで1時間焼く。
6. オーブンから出し、粗熱がとれたら、型のまま冷蔵庫で1時間ほど冷やす。
7. オーブンを180℃に予熱する。
8. **トップ生地を作る。**耐熱容器にサワークリーム、粉糖、生クリームを入れて混ぜ、電子レンジで20～30秒加熱する。
9. 混ぜてとろとろになったら、**6**の上に流す。
10. 180℃のオーブンで5～6分焼く。
11. 粗熱がとれたら、型のまま冷蔵庫で3時間以上冷やす。
12. 型から出し、ベリーを飾る。

a

RECIPE N°27

BANANA AND CHOCOLATE SOUR CREAM TOPPED CHEESECAKE

王道のマッチング、バナナ×チョコ。誰もが大好きな組み合わせをサワークリームトップチーズケーキでも再現してみました。なお、バニラオイルを少し多めに加えているのは、よりバナナの香りを引き立たせるため。じっくりとバナナチョコ味を楽しんでください。

バナナ&チョコの
サワークリームトップチーズケーキ

材料　INGREDIENTS

直径15cmの底が取れる丸型・1台分

ボトム
マリービスケット …… 18枚（約97g）
小麦胚芽のクラッカー …… 9枚（約27g）
バター（食塩不使用）…… 100g

生地
クリームチーズ …… 200g
上白糖 …… 70g
卵 …… 2個
生クリーム …… 50ml
バニラオイル …… 少し多めで、5ふり
バナナ（熟したもの）…… 太め1本（正味100g）
牛乳 …… 50ml

トップ生地
サワークリーム …… 120g
粉糖 …… 大さじ3
生クリーム …… 大さじ1
板チョコレート（ビター）…… 35g

デコレーション
板チョコレート（ビター）…… 20g
板チョコレート（ホワイト）…… 20g

作り方　DIRECTIONS

1 **生地を作る**。ボウルにやわらかくしたクリームチーズを入れ、泡立て器でなめらかになるまで練る。
2 上白糖、卵、生クリーム、バニラオイルを順に加え、そのつどよく混ぜる。
3 万能こし器で**2**をこし、なめらかにする。
4 バナナは牛乳をかけ、フォークで細かくつぶす**[a]**。
5 **3**に、**4**を加えて混ぜ、型に流し入れる。
6 160℃のオーブンで1時間焼く。
7 オーブンから出し、粗熱がとれたら、型のまま冷蔵庫で1時間冷やす。
8 オーブンを200℃に予熱する。
9 **トップ生地を作る**。耐熱容器にサワークリーム、粉糖、生クリームを入れて混ぜる。
10 板チョコレートを湯せんで溶かして**9**に加え混ぜ、電子レンジで20〜30秒加熱する。
11 混ぜてとろとろになったら、**7**の上に流す。
12 180℃のオーブンで5〜6分焼く。
13 粗熱がとれたら型のまま冷蔵庫で3時間以上冷やす。
14 **デコレーションを作る**。2種のチョコレートはそれぞれ湯せんで溶かし、ポリ袋に入れる。角をはさみで切って**[b]**バットにオーブンシートを敷き、丸く絞り出し、もう1色で数字や絵を描き**[c]**、冷蔵庫で固める。**13**を型から出し、飾る。

下準備　PREPARATION

▷ ボトムを作り、敷く（P57参照）。
▷ オーブンを160℃に予熱する。
▷ クリームチーズをやわらかくする（P57参照）。

a

b

c

チョコ&ミントの
サワークリームトップチーズケーキ

RECIPE N°28

CHOCOLATE AND MINT
SOUR CREAM TOPPED CHEESECAKE

ミントリキュールで色づけした、グリーンミントが涼しげ。チョコミントアイスクリームからヒントを得たさわやかな一品です。切り分けたときの意外性も楽しみの一つ。ボトムにはオレオクッキーをたっぷり敷き詰め、チョコの風味、満点です。

材料　INGREDIENTS

直径15cmの底が取れる丸型・1台分

ボトム
- オレオクッキー（クリームを除いて）
　…… 18枚（約70g）
- バター（食塩不使用）…… 75g

生地
- クリームチーズ …… 200g
- 上白糖 …… 50g
- 卵 …… 1個

〈チョコレートソース〉
- 生クリーム …… 100ml
- スイートチョコレート（製菓用）…… 70g

トップ生地
- サワークリーム …… 150g
- 粉糖 …… 大さじ4
- ミントリキュール …… 大さじ2

デコレーション
- チョコチップ …… 適宜

作り方　DIRECTIONS

1. **チョコレートソースを作る**。耐熱容器に生クリームを入れ、電子レンジで沸騰するまで1分ほど加熱する。チョコレートを加え、1分ほどおいてからよく混ぜて溶かす。
2. **生地を作る**。ボウルにやわらかくしたクリームチーズを入れ、泡立て器でなめらかになるまで練る。
3. 粉糖、卵を順に加え、そのつどよく混ぜる。
4. 1を加えてさらに混ぜ、万能こし器でこし、なめらかにする。
5. 型に流し入れる[**b**]。
6. 160℃のオーブンで40～45分焼く。
7. オーブンから出し、粗熱がとれたら、型のまま冷蔵庫で1時間以上冷やす。
8. オーブンを200℃に予熱する。
9. **トップ生地を作る**。耐熱容器にサワークリームと粉糖を入れて混ぜ、電子レンジで20～30秒加熱し、ミントリキュールを加えて混ぜる[**c**]。
10. 7の上に流し入れ[**d**]、180℃のオーブンで5分焼く。
11. 粗熱がとれたら、型のまま冷蔵庫で3時間以上冷やす。
12. 型から出し、あればチョコチップを飾る。

下準備　PREPARATION

▷ 型の底をアルミホイルで覆う。
　＊ 湯せんはしないが、焼くと油が出やすいのでアルミホイルで覆うとよい。
▷ オレオクッキーのクリームを取り除いて[**a**]ボトムを作り、敷く（P57参照）。
▷ オーブンを160℃に予熱する。
▷ クリームチーズをやわらかくする（P57参照）。

味わいいろいろ。
アレンジバリエ

基本のチーズケーキに簡単なアレンジを加えれば、あなただけのオリジナルチーズケーキが完成！ ボトムや生地に好きなものを加えたり、ソースをかけたりして、いろいろなバリエーションを楽しみましょう。

2. 生地に混ぜ込む

生地に何か加えるときは、一度にたくさんではなく、状態を見て加減しながら少しずつ加えて。

<u>N.Y.、オールドファッションベイクド、サワークリームトップには</u>

マンゴー、レーズン、いちじく、オレオクッキー、チョコレート

<u>レアやベイクドレアには</u>

オレオクッキー、チョコレート、ごま

<u>スフレには</u>

ごま

などを加えても。

1. ボトムに加える

ボトムに細かくした生ピスタチオ（皮むき）やくるみ、ごまなどを加えても。ただし、ポロポロするため、ボトムを立ち上げるサワークリームトップチーズケーキ（P56〜）には向かない。

〈 レンジでチン 〉

ブルーベリーソース

耐熱容器にブルーベリー50g（生、または冷凍）、上白糖20g、レモン汁（国産）大さじ1を入れ、電子レンジで4分加熱し、冷ます。

〈 レンジでチン 〉

いちごソース

大きめの耐熱容器に、いちごのへたを取って200g入れ、上白糖60g、レモン汁（国産）小さじ1を加え、電子レンジで8〜10分加熱し、冷ます。ボウルの周囲にアクがつくので途中でアクを取る必要はない。

〈 すりおろす 〉

キウイソース

キウイ1個は皮をむいておろし金ですりおろし（中心の白い部分は入れない）、上白糖20g、キルシュ小さじ1を加えて混ぜる。なお、キルシュは味が格段にアップするため、できるだけ入れて。

〈 すりおろす 〉

マンゴーソース

マンゴーは皮と種を除き、1/3個分（約40g）をおろし金ですりおろし、上白糖小さじ1を加えて混ぜる。

3. 簡単フルーツソースをかける

BASIC RECIPES

"RARE CHEESECAKE"
"BAVAROIS RARE CHEESECAKE"
"MOUSSE RARE CHEESECAKE"

RECIPE N°29
RARE CHEESECAKE
材料と作り方→P70

RECIPE N°30
BAVAROIS RARE CHEESECAKE
材料と作り方→P78

RECIPE N°31
MOUSSE RARE CHEESECAKE
材料と作り方→P86

レアチーズケーキ

材料を混ぜ、冷蔵庫で冷やすだけの、とても手軽なレアチーズケーキ。クリームチーズ本来の味わいが楽しめます。しっとりとした食感に、とろっとした口当たり。ヨーグルトをたっぷりと使い、さっぱりめに仕上げました。なお、キルシュがなければ水で代用できますが、ちょっとした風味づけで印象が大きく変わるので、できればキルシュもご用意を。

ババロア風レアチーズケーキ

レアチーズケーキにホイップクリームを加えたのが、ババロア風レアチーズケーキです。レアチーズケーキよりも少しふんわりしていて、まるでババロアのよう。サクサクしたボトムと、ジュワッととろける生地とのコントラストが新鮮です。

ムースレアチーズケーキ

ババロア風レアチーズケーキに、さらにイタリアンメレンゲを加えたムースレアは、レアながらとってもふんわり。ボトムもスポンジなので、すべてが口でとけあうようなイメージです。クセやパンチのある素材でも泡を加えることでマイルドでやさしい仕上がりに。

＊　イタリアンメレンゲは、泡立てた卵白に煮詰めたシロップを加え、さらに泡立てたもの。形がくずれにくく、つやのあるメレンゲができる。

レアチーズケーキ

材料　INGREDIENTS

直径15cmの底が取れる丸型・1台分

ボトム

マリービスケット …… 9枚(約49g)
小麦胚芽のクラッカー
　…… 4枚(約12g)
バター(食塩不使用) …… 40g

生地

クリームチーズ …… 200g
上白糖 …… 60g
生クリーム …… 100㎖
プレーンヨーグルト …… 120g
レモン汁(国産) …… 小さじ1
バニラオイル …… 少々
A　粉ゼラチン …… 5g
　　水 …… 大さじ1
　　＊キルシュがなければ大さじ2に。
　　キルシュ …… 大さじ1
　　生クリーム …… 50㎖

下準備　PREPARATION

▷ 耐熱容器にAの水とキルシュを入れ、粉ゼラチンをふり入れて軽く混ぜ、ふやかす。
▷ ボトムを作り、敷く(右記参照)。
▷ 耐熱容器にクリームチーズを入れて電子レンジ(200W)で4〜5分加熱し[a]、ゴムべらがすっと入るくらいまでやわらかくする[b]。

a

b

ボトムの作り方　PREPARE THE CRUST

1　ファスナーつきの袋にビスケットとクラッカーを入れ、めん棒でたたいてくだく。

3　耐熱容器にバターを入れてラップをかけ、電子レンジ(200W)で1分〜1分30秒加熱して溶かし、**2**に加える。

2　細かくなったらめん棒を転がし、さらに細かくする。
＊フードプロセッサーで作るときはP10参照。

4　全体になじむようによくもみ混ぜる。

ボトムの敷き方　PRESS IN THE CRUST

型にボトムを入れ、スプーンや手などでしっかりと押さえつけて底にぎゅっと敷き詰める。

作り方　　　　　　　　　　　　　　　　　　　　　　　DIRECTIONS

生地を作る。 ボウルにやわらかくしたクリームチーズを入れ、泡立て器でなめらかになるまで練る。

上白糖、生クリーム100㎖、ヨーグルト、レモン汁、バニラオイルを順に加え、そのつどよく混ぜる。

ふやかしたゼラチンに**A**の生クリームを加え、電子レンジで1分〜1分30秒加熱する。

沸騰したら**2**に加えて混ぜる。

万能こし器で生地をこし、なめらかにする。

型に流し入れ、冷蔵庫で3時間以上冷やし固める。

RECIPE N°32

FRESH STRAWBERRY RARE CHEESECAKE

いちごの酸味と甘酸っぱい香りがぎゅっと詰まった、キュートなレアチーズケーキ。側面だけでなく、底にも、いちごがぎっしり。いちごピュレをふんだんに混ぜ込んで、ベリー好きにはたまらない味になりました。型の金属といちごの酸味が反応し、変色することもあるので、作り方をチェックして。

いちごのレアチーズケーキ

材料　INGREDIENTS

直径15cmの底が取れる丸型・1台分

ボトム
- マリービスケット …… 9枚（約49g）
- 小麦胚芽のクラッカー …… 4枚（約12g）
- バター（食塩不使用）…… 40g

生地
- クリームチーズ …… 200g
- 上白糖 …… 60g
- いちごピュレ（冷凍）…… 140g
- レモン汁（国産）…… 小さじ1
- 生クリーム …… 100ml
- **A**
  - 粉ゼラチン …… 5g
  - 水 …… 大さじ2
  - 生クリーム …… 50ml
- いちご（側面と底用）
  …… 6〜7個（小なら8〜9個）

デコレーション
- いちご …… 3〜5個

下準備　PREPARATION

▷ 耐熱容器に**A**の水を入れ、粉ゼラチンをふり入れて軽く混ぜ、ふやかす。
▷ ボトムを作り、敷く（P70参照）。
▷ いちごを洗って水けをきり、生地用はへたを切り落として縦半分に切る（飾り用はへたつきのまま）。
▷ クリームチーズをやわらかくする（P70参照）。

作り方　DIRECTIONS

1. 型の側面に、縦半分に切ったいちごの切り口を外側にして一面にはりつける。ボトムの上にもいちごをバランスよく置く[**a**]。
2. **生地を作る**。ボウルにやわらかくしたクリームチーズを入れ、泡立て器でなめらかになるまで練る。
3. 上白糖、いちごピュレ、レモン汁、生クリームを順に加え[**b**]、そのつどよく混ぜる。
4. ふやかしたゼラチンに**A**の生クリームを加え、電子レンジで1分〜1分30秒加熱して、沸騰したら3に加えて混ぜる。
5. 万能こし器で生地をこし、なめらかにする。
6. いちごが動かないよう、そっと型に流し入れ[**c**]、冷蔵庫で3時間以上冷やし固める。
7. いちごをへたつきのまま縦半分に切って飾る。

　＊ 一晩以上おく場合、またはフッ素樹脂加工していない型の場合、ケーキ用透明テープを型の内側につけてから作業すると、いちごと型の金属が反応して生地が銀色に変色するのを防げる。

できるだけ、すき間なくいちごを並べると、生地を流し込んでもいちごが動かない。また、いちごの先端を中心に向けて置くのがポイント。

a

b

c

RECIPE N°33

CHOCOLATE MARBLE RARE CHEESECAKE

マーブル模様にもいろいろあって、たとえば、P23のシナモンケーキとはまたひと味、違った雰囲気に。白とチョコレート色のコントラストが鮮やかです。プレーン生地の上にチョコレート生地を点々と置き、表面を軽く引っかくようにクルンクルンと動かすと、こんなきれいなマーブル模様が完成。どんな模様でもさまになるので、絵を描く気持ちで楽しんで。ボトムも、オレオクッキー

チョコマーブルのレアチーズケーキ

材料　INGREDIENTS

直径18cmの底が取れる丸型・1台分

ボトム
- オレオクッキー(クリームを除いて) …… 24枚(約94g)
- バター(食塩不使用) …… 40g

生地
- クリームチーズ(クリームを除いて) …… 200g
- 上白糖 …… 60g
- プレーンヨーグルト …… 100g
- バニラオイル …… 少々
- 生クリーム …… 120ml
- A
  - 粉ゼラチン …… 5g
  - 水 …… 大さじ2
  - 生クリーム …… 50ml
- スイートチョコレート(製菓用) …… 40g

下準備　PREPARATION

▷ 耐熱容器に**A**の水を入れ、粉ゼラチンをふり入れて軽く混ぜ、ふやかす。
▷ オレオクッキーのクリームを取り除いて[**a**]ボトムを作り、敷く(P70参照)。
▷ クリームチーズをやわらかくする(P70参照)。
▷ チョコレートを湯せんで溶かす。

作り方　DIRECTIONS

1 **生地を作る**。ボウルにやわらかくしたクリームチーズを入れ、泡立て器でなめらかになるまで練る。
2 上白糖、ヨーグルト、バニラオイル、生クリーム120mlを順に加え、そのつどよく混ぜる。
3 ふやかしたゼラチンに**A**の生クリームを加え、電子レンジで1分～1分30秒加熱して、沸騰したら**2**に加えて混ぜる。
4 万能こし器で生地をこし、なめらかにする。
5 **4**の生地から大さじ5ほど(約75g)を取り分け、溶かしたチョコレートに加えて[**b**]混ぜる。
6 **4**を型に流し入れ、**5**のチョコ生地をスプーンでところどころに置いたら[**c**]、菜ばしをクルクルと動かしてマーブル模様にする[**d**]。
7 冷蔵庫で3時間以上、冷やし固める。

RECIPE N°34

SMILEY MANGO RARE CHEESECAKE

思わず、にっこりとほほえんでしまいたくなるチーズケーキ。マンゴーピュレをたっぷり加えたレアチーズケーキに、チョコレートでスマイル君を描きました。そして切り分けるとわかりますが、生地の間にもチョコレートが。酸味のあるマンゴー×チョコレートの意外な相性のよさに驚いてしまうかも。

マンゴーのSMILEレアチーズケーキ

材料　INGREDIENTS

直径15cmの底が取れる丸型・1台分

ボトム
- マリービスケット …… 9枚(約49g)
- 小麦胚芽のクラッカー …… 4枚(約12g)
- バター(食塩不使用) …… 40g

生地
- クリームチーズ …… 200g
- 上白糖 …… 60g
- 生クリーム …… 100㎖
- レモン汁(国産) …… 小さじ1
- マンゴーピュレ(冷凍、缶詰など) …… 140g
- **A**
  - 粉ゼラチン …… 5g
  - 水 …… 大さじ2
  - 生クリーム …… 50㎖
- スイートチョコレート(製菓用) …… 20g

下準備　PREPARATION

▷ 耐熱容器に**A**の水を入れ、粉ゼラチンをふり入れて軽く混ぜ、ふやかす。
▷ ボトムを作り、敷く(P70参照)。
▷ マンゴーピュレが冷凍の場合は解凍する。
▷ クリームチーズをやわらかくする(P70参照)。
▷ チョコレートを湯せんで溶かす。

作り方　DIRECTIONS

1. **生地を作る**。ボウルにやわらかくしたクリームチーズを入れ、泡立て器でなめらかになるまで練る。
2. 上白糖、生クリーム100㎖、レモン汁、マンゴーピュレを順に加え[**a**]、そのつどよく混ぜる。
3. ふやかしたゼラチンに**A**の生クリームを加え、電子レンジで1分〜1分30秒加熱して、沸騰したら**2**に加えて混ぜる。
4. 万能こし器で生地をこし、なめらかにする。
5. **4**の生地から大さじ3ほど(約45g)を取り分け、溶かしたスイートチョコレートに加えて[**b**]混ぜ、絞り出し袋に入れたら、袋の先を3〜5㎜切り落とす。
6. 型に**4**の生地の1/2量を流し入れ、**5**のチョコ生地の2/3量をうずまき状に絞る。
7. 残りの**4**の生地をそっと流して[**c**]表面をととのえたら、残りのチョコ生地でスマイルを描く[**d**]。
8. 冷蔵庫で3時間以上、冷やし固める。

ババロア風レアチーズケーキ

材料　INGREDIENTS

直径15cmの底が取れる丸型・1台分

ボトム
- マリービスケット …… 9枚（約49g）
- 小麦胚芽のクラッカー …… 4枚（約12g）
- バター（食塩不使用）…… 40g

生地
- クリームチーズ …… 200g
- 上白糖 …… 60g
- プレーンヨーグルト …… 120g
- レモン汁（国産）…… 小さじ1
- バニラオイル …… 少々
- A
  - 粉ゼラチン …… 5g
  - 水 …… 大さじ1
    ＊キルシュがなければ大さじ2に。
  - キルシュ …… 大さじ1
  - 生クリーム …… 50mℓ
- 生クリーム …… 100mℓ

下準備　PREPARATION

▷ 耐熱容器にAの水とキルシュを入れ、粉ゼラチンをふり入れて軽く混ぜ、ふやかす。
▷ ボトムを作り、敷く（右記参照）。
▷ ボウルに生クリーム100mℓを入れて底を氷水に当てながら混ぜ、八分立て（やわらかめで、角の先が少し曲がるくらい）にホイップしてラップをかけ、冷蔵庫に入れる。
▷ 耐熱容器にクリームチーズを入れて電子レンジ（200W）で4〜5分加熱し[a]、ゴムべらがすっと入るくらいまでやわらかくする[b]。

a

b

ボトムの作り方　PREPARE THE CRUST

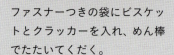

1　ファスナーつきの袋にビスケットとクラッカーを入れ、めん棒でたたいてくだく。

2　細かくなったらめん棒を転がし、さらに細かくする。
＊フードプロセッサーで作るときはP10参照。

3　耐熱容器にバターを入れてラップをかけ、電子レンジ（200W）で1分〜1分30秒加熱して溶かし、**2**に加える。

4　全体になじむようによくもみ混ぜる。

ボトムの敷き方　PRESS IN THE CRUST

型にボトムを入れ、スプーンや手などでしっかりと押さえつけて底にぎゅっと敷き詰める。

作り方　　　　　　　　　　　　　　　　　　　　　　　　DIRECTIONS

生地を作る。ボウルにやわらかくしたクリームチーズを入れ、泡立て器でなめらかになるまで練る。

上白糖、ヨーグルト、レモン汁、バニラオイルを順に入れ、そのつどよく混ぜる。

ふやかしたゼラチンに**A**の生クリームを加え、電子レンジで1分〜1分30秒加熱する。

沸騰したら**2**に加えて混ぜる。

万能こし器で**4**をこし、なめらかにする。

冷蔵庫で冷やしておいたホイップクリームを加えて混ぜる。

型に流し入れ、冷蔵庫で3時間以上冷やし固める。

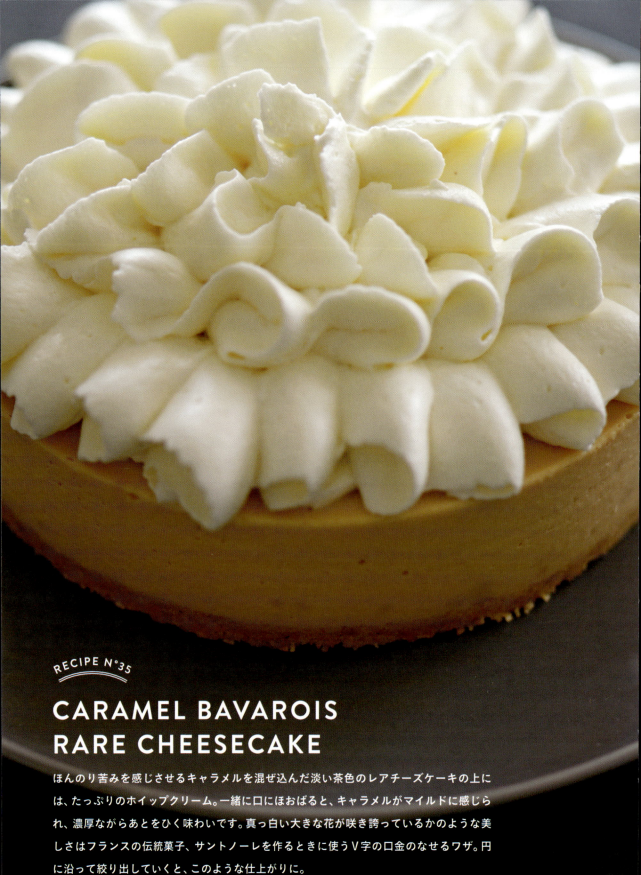

RECIPE N°35

CARAMEL BAVAROIS
RARE CHEESECAKE

ほんのり苦みを感じさせるキャラメルを混ぜ込んだ淡い茶色のレアチーズケーキの上には、たっぷりのホイップクリーム。一緒に口にほおばると、キャラメルがマイルドに感じられ、濃厚ながらあとをひく味わいです。真っ白い大きな花が咲き誇っているかのような美しさはフランスの伝統菓子、サントノーレを作るときに使うV字の口金のなせるワザ。円に沿って絞り出していくと、このような仕上がりに。

キャラメルの
ババロア風レアチーズケーキ

材料 　　　　　　　　　　INGREDIENTS

直径15cmの底が取れる丸型・1台分

ボトム
マリービスケット …… 9枚(約49g)
小麦胚芽のクラッカー …… 4枚(約12g)
バター(食塩不使用) …… 40g

生地
クリームチーズ …… 200g
上白糖 …… 60g
プレーンヨーグルト …… 120g
バニラオイル …… 少々
生クリーム …… 100＋50ml
A ｜ 粉ゼラチン …… 5g
　 ｜ 水 …… 大さじ2
B ｜ グラニュー糖 …… 60g
　 ｜ 水 …… 大さじ1½

デコレーション
生クリーム …… 100ml
上白糖 …… 大さじ1½

作り方 　　　　　　　　　DIRECTIONS

1 **生地を作る。**ボウルにやわらかくしたクリームチーズを入れ、泡立て器でなめらかになるまで練る。

2 上白糖、ヨーグルト、バニラオイルを順に加え、そのつどよく混ぜる。

3 耐熱容器に生クリーム50mlを入れ、電子レンジで1分～1分30秒加熱する。

4 小鍋にBを入れて中火で加熱し、茶色く色づいてきたら火からおろし、3を静かに加えて[a]軽く混ぜる。

5 1～2分おいて少し冷めたら、ふやかしたゼラチンを加えて[b]溶かし、2に加えて混ぜる。

6 万能こし器で生地をこし、なめらかにする。

7 冷蔵庫で冷やしておいたホイップクリームを3回に分けて加え混ぜ[c]、型に流し入れ、冷蔵庫で3時間以上冷やし固める。

8 **デコレーションする。**ボウルにデコレーション用の生クリームと上白糖を入れて底を氷水に当てながら八分立て(やわらかめで、角の先が少し曲がるくらい)にホイップする。

9 サントノーレ口金をつけた絞り出し袋に入れる。7を型から出して上面に絞る[d]。
  ＊ サントノーレ口金とは、フランスの伝統菓子「サントノーレ」のクリームを絞るときに使う口金のこと。

下準備 　　　　　　　　　PREPARATION

▷ Aの水に粉ゼラチンをふり入れ、軽く混ぜてふやかす。
▷ ボトムを作り、敷く(P78参照)。
▷ ボウルに生地用の生クリーム100mlを入れて底を氷水に当てながら九分立て(かなりかためで、角の先がピンと立つくらい)にホイップしてラップをかけ、冷蔵庫に入れる。
▷ クリームチーズをやわらかくする(P78参照)。

生クリームを加えるとき、はねやすいので鍋は火からおろして。

外側からリボンを波打たせるように口金を上下に動かしながら絞る。

RECIPE N°36
CAMEMBERT BAVAROIS RARE CHEESECAKE

スポンジクラム(スポンジを細かくしたもの)をレアチーズケーキにトッピング。スポンジクラムに、ふんわりババロア。まるで雪が積もったかのような見た目に違わず、ふんわりとして繊細な口溶けです。表面の白かびごと裏ごしすることでカマンベールチーズ自体のおいしさがプラスできるので、そのまま裏ごしして。

カマンベールの
ババロア風レアチーズケーキ

材料　INGREDIENTS

直径15cmの底が取れる丸型・1台分

ボトム
直径15〜18cmの市販のプレーンスポンジ
　ケーキ …… 1枚

生地
カマンベールチーズ …… 100g
塩 …… 小さじ2/3
サワークリーム …… 100g
上白糖 …… 40g
バニラオイル …… 少々
A ｜ 粉ゼラチン …… 5g
　｜ 水 …… 大さじ2
　｜ 牛乳 …… 50mℓ
生クリーム …… 100mℓ

デコレーション
［ 生クリーム …… 100mℓ
［ 上白糖 …… 小さじ2
スポンジケーキ …… ボトムで使用した
　プレーンスポンジケーキの残り

作り方　DIRECTIONS

1 **生地を作る**。カマンベールチーズは白かび部分も一緒に裏ごしし[a]、ボウルに入れて、塩、サワークリーム、上白糖、バニラオイルを順に加え、そのつどよく混ぜる。

2 ふやかしたゼラチンに**A**の牛乳を加え、電子レンジで1分〜1分30秒加熱して、沸騰したら**1**に加えて混ぜる。

3 万能こし器で**2**をこし、なめらかにする。

4 **3**のボウルの底を氷水に当てながら混ぜ、少しとろみをつける。

5 冷蔵庫で冷やしておいたホイップクリームを3回に分けて加え混ぜ、型に流し入れ、冷蔵庫で3時間以上冷やし固める。

6 **デコレーションする**。スポンジ(茶色く焼き色がついた部分ははずし、黄色い部分のみ)はフードプロセッサーで細かくする。
　＊　フードプロセッサーがなければ、冷凍しておろし金ですりおろしても。

7 ボウルにデコレーション用の生クリームと上白糖を入れて底を氷水に当てながら八分立て(やわらかめで、角の先が少し曲がるくらい)にホイップする。**5**を型から取り出して表面にパレットナイフで塗る[b]。

8 **7**の表面に**6**のスポンジをはりつける[c]。

下準備　PREPARATION

▷ 耐熱容器に**A**の水を入れ、粉ゼラチンをふり入れて軽く混ぜ、ふやかす。

▷ スポンジケーキを直径15cmの円形、1cm厚さに切り(P86参照)、型の底に敷く。

▷ ボウルに生地用の生クリームを入れて底を氷水に当てながら九分立て(かなりかためで、角の先がピンと立つくらい)にホイップしてラップをかけ、冷蔵庫に入れる。

a

b

c

RECIPE N°37

ORANGE CHAMPAGNE BAVAROIS RARE CHEESECAKE

生地にたっぷりとシャンパンを注ぎ込んだ、これも大人のチーズケーキ。鮮やかなオレンジをふんだんにあしらい、あでやかなバラの花のよう。表面には薄くゼリー液を流していますが、切り分けるときデコレーションが動かないのでスムーズにカットできるうえ、キラキラと輝いてよりゴージャスな印象を与えてくれます。

オレンジ&シャンパンの
ババロア風レアチーズケーキ

材料 　　　　　　　　　　　INGREDIENTS

直径15cmの底が取れる丸型・1台分

ボトム
- マリービスケット …… 9枚（約49g）
- 小麦胚芽のクラッカー …… 4枚（約12g）
- バター（食塩不使用）…… 40g

生地
- クリームチーズ …… 200g
- 上白糖 …… 80g
  * 辛口のシャンパンなら90gに。
- レモン汁（国産）…… 小さじ2
- **A**
  - 粉ゼラチン …… 6g
  - 水 …… 大さじ2
  - 生クリーム …… 大さじ2
- シャンパン（冷やしたもの）…… 130mℓ
  * スパークリングワインや白ワインでも。
- 生クリーム …… 80mℓ

デコレーション
- オレンジ …… 2個
- 〈ゼリー液〉
  - 粉ゼラチン …… 小さじ1/2弱（約1g）
  - 熱湯 …… 50mℓ
  - 上白糖 …… 小さじ2
  - レモン汁（国産）…… 小さじ1/2

作り方 　　　　　　　　　　　DIRECTIONS

1. **生地を作る**。ボウルにやわらかくしたクリームチーズを入れ、泡立て器でなめらかになるまで練る。
2. 上白糖、レモン汁を順に加え、そのつどよく混ぜる。
3. ふやかしたゼラチンに**A**の生クリームを加え、電子レンジで1分～1分30秒加熱して、沸騰したら**2**に加えて混ぜる。
4. 万能こし器で**3**をこし、なめらかにする。
5. シャンパンをそっと加えて混ぜる[**a**]。
6. 冷蔵庫で冷やしておいたホイップクリームを2回に分けて加え混ぜ[**b**]、型に流し入れ、冷蔵庫で3時間以上冷やし固める。
7. **デコレーションする**。オレンジは上下を切り落とし、残りの皮は白い部分も一緒に縦にむく。房の左右のきわにナイフを入れて果肉を取り出し、キッチンペーパーで汁けをふく。
8. 耐熱容器にゼリー液の熱湯と粉ゼラチンを入れて粉ゼラチンを溶かし、上白糖を加えて溶かしたら、レモン汁を加えて混ぜ、40℃くらいまで冷ます。
9. 型に入れたまま、**6**の上面にオレンジを外側からバラのように並べ[**c**]、**8**を上から回しかけ[**d**]、再び冷蔵庫で2時間以上冷やし固める。

下準備 　　　　　　　　　　　PREPARATION

▷ 耐熱容器に**A**の水を入れ、粉ゼラチンをふり入れて軽く混ぜ、ふやかす。
▷ ボトムを作り、敷く（P78参照）。
▷ ボウルに生クリーム80mℓを入れて底を氷水に当てながら九分立て（かなりかためで、角の先がピンと立つくらい）にホイップしてラップをかけ、冷蔵庫に入れる。
▷ クリームチーズをやわらかくする（P78参照）。

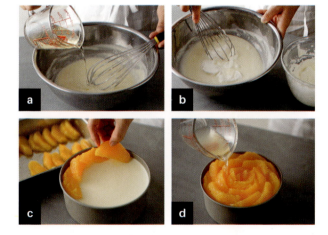

ムースレアチーズケーキ

材料　INGREDIENTS

直径15cmの底が取れる丸型・1台分

<u>ボトム</u>
直径15〜18cmの市販のプレーンスポンジケーキ …… 1枚

<u>生地</u>

クリームチーズ …… 200g
上白糖 …… 40g
プレーンヨーグルト …… 100g
レモン汁(国産) …… 小さじ2
バニラオイル …… 少々
A ┃ 粉ゼラチン …… 5g
　　┃ 水 …… 大さじ1
　　　＊ キルシュがなければ大さじ2に。
　　┃ キルシュ …… 大さじ1
　　┃ 生クリーム …… 50mℓ
生クリーム …… 80mℓ

〈イタリアンメレンゲ〉
┃ 卵白 …… 1個分
┃ 上白糖 …… 大さじ1
B ┃ 上白糖 …… 30g
　　┃ 水 …… 大さじ2

下準備　PREPARATION

▷ 卵白を室温に戻す。
▷ 耐熱容器に**A**の水とキルシュを入れ、粉ゼラチンをふり入れて軽く混ぜ、ふやかす。
▷ スポンジケーキを直径15cmの円形、1cm厚さに切り(右記参照)、型の底に敷く。
▷ ボウルに生クリーム80mℓを入れて底を氷水に当てながら八分立て(やわらかめで、角の先が少し曲がるくらい)にホイップしてラップをかけ、冷蔵庫に入れる。
▷ 耐熱容器にクリームチーズを入れて電子レンジ(200W)で4〜5分加熱し[**a**]、ゴムべらがすっと入るくらいまでやわらかくする[**b**]。

a

b

ボトムの作り方　PREPARE THE SPONGE

1

スポンジケーキは型に合わせて丸くカットする。

2

添え木などを置いて、1cm厚さに切る。

ボトムの敷き方　PRESS IN THE CRUST

型にスポンジを敷く。

作り方　　　　　　　　　　　　　　　　　　　　　　　　　　DIRECTIONS

1

イタリアンメレンゲを作る。 小さめのボウルに卵白を入れて泡立て、ふんわりしてきたら上白糖大さじ1を加えてさらに泡立てる。

2

3

小鍋に**B**を入れて中火にかけ、沸騰したら1分煮てシロップにする。**1**のメレンゲを泡立てながらシロップをタラタラ注ぎ、冷めるまで泡立てる。

3 **生地を作る。** ボウルにやわらかくしたクリームチーズを入れ、泡立て器でなめらかになるまで練る。

4 上白糖40g、ヨーグルト、レモン汁、バニラオイルを順に加え、そのつどよく混ぜる。

5 ふやかしたゼラチンに**A**の生クリームを加え、電子レンジで1分～1分30秒加熱し、沸騰したら**4**に加えて混ぜる。

6 万能こし器で**5**をこし、なめらかにする。
＊ この時点でかなり温かいようなら、ボウルの底を冷水につけ、冷ます。

7

冷蔵庫で冷やしておいたホイップクリームを3回に分けて加え混ぜる。

8 **2**のイタリアンメレンゲを3回に分けて加え混ぜ、最後、ゴムべらに持ち替えて底からすくうように混ぜる。

9

型に流し入れ、表面をゴムべらなどで平らにし、冷蔵庫で3時間以上、冷やし固める。

ゴルゴンゾーラの
ムースレアチーズケーキ

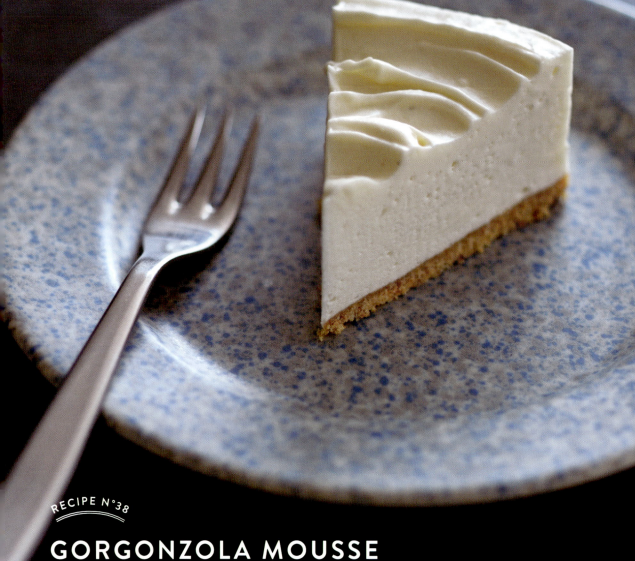

RECIPE N°38

GORGONZOLA MOUSSE RARE CHEESECAKE

ちょっとクセのあるイタリアのチーズ、ゴルゴンゾーラをベースにしたムースレア。パンチのあるチーズに、サワークリームと生クリームを加えてマイルドにしながらも、やっぱり感じるゴルゴンゾーラの持ち味。ボトムは、スポンジより塩気のあるクラッカーベースがマッチします。甘くてしょっぱくて奥深い、大人のスイーツ。チーズケーキなのに、ワインが飲みたくなったりするのです。

材料　INGREDIENTS

直径15cmの底が取れる丸型・1台分

ボトム
- 小麦胚芽のクラッカー …… 19枚（約57g）
- バター（食塩不使用）…… 40g

生地
- ゴルゴンゾーラチーズ …… 60g
- サワークリーム …… 100g
- 上白糖 …… 20g
- A
  - 粉ゼラチン …… 5g
  - 水 …… 大さじ2
  - 生クリーム …… 50ml
- 生クリーム …… 100ml

〈イタリアンメレンゲ〉
- 卵白 …… 1個分
- 上白糖 …… 大さじ1
- B
  - 上白糖 …… 30g
  - 水 …… 大さじ2

下準備　PREPARATION

▷ 卵白を室温に戻す。
▷ 耐熱容器に**A**の水を入れ、粉ゼラチンをふり入れて軽く混ぜ、ふやかす。
▷ スポンジケーキを直径15cmの円形、1cm厚さに切る。
▷ ボトムを作り、敷く（P78参照）。
▷ ボウルに生クリーム100mlを入れて底を氷水に当てながら九分立て（かなりかためで、角の先がピンと立つくらい）にホイップしてラップをかけ、冷蔵庫に入れる。

作り方　DIRECTIONS

1. **生地を作る**。耐熱容器にゴルゴンゾーラを入れ[**a**]、電子レンジ（200W）で3分加熱して溶かす[**b**]。
2. ボウルにサワークリームを入れて泡立て器で練り、上白糖20g、**1**を順に加え、そのつどよく混ぜる。
3. ふやかしたゼラチンに**A**の生クリームを加え、電子レンジで1分～1分30秒加熱して溶かし、**2**に加えて混ぜる。
4. 万能こし器で**3**をこし、なめらかにする[**c**、**d**]。
   ＊ この時点でかなり温かいようなら、ボウルの底を冷水につけ、冷ます。
5. **イタリアンメレンゲを作る**。別のボウルに卵白を入れて泡立て、ふんわりしてきたら上白糖大さじ1を加えてさらに泡立て、角がピンと立つしっかりとしたメレンゲにする。
6. 小鍋に**B**を入れて中火にかけ、沸騰したらさらに1分煮てシロップにする。**5**のメレンゲを泡立てながらシロップをタラタラ注ぎ、冷めるまで泡立てる。
7. **4**に冷蔵庫で冷やしておいたホイップクリームを3回に分けて加え混ぜる。**6**のイタリアンメレンゲを3回に分けて加え混ぜ、最後、ゴムべらに持ち替えて底からすくうように混ぜる。
8. 型に流し入れ、表面をゴムべらやパレットナイフで凸凹になるようにあとをつけ[**e**]、冷蔵庫で3時間以上、冷やし固める。

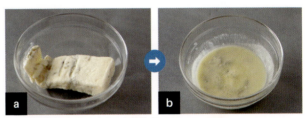

レンジ加熱して、このくらいに溶かす。

こし器に残った分もしっかりと、こす。

表面に、波打つような凸凹の模様をつける。

RECIPE N°39

TIRAMISU

濃厚なマスカルポーネチーズとコーヒーのマッチングが人気のティラミスは、ムースチーズケーキの定番。作って半日くらいねかせたころが食べどきです。手作りビスキュイは、より深みが増すようココアパウダー入り。コーヒーシロップのふくみもよく、しっとりした口当たり。もちろん、市販のスポンジケーキやフィンガービスケットでも。

ティラミス

材料　　　　　　　　　　　INGREDIENTS

12×22×6cmくらいの容器・1台分

ビスキュイ

卵 …… 2個
上白糖 …… 40g
A ｜ 薄力粉 …… 20g
　 ｜ コーンスターチ …… 20g
　 ｜ ココアパウダー …… 小さじ2

＊ ビスキュイの代わりに市販のスポンジケーキ（1枚。1cm弱幅に切り、容器の底に敷き詰める）や、フィンガービスケット（約150g）でも。

生地

マスカルポーネチーズ …… 250g
卵黄 …… 2個分
生クリーム …… 100㎖
［ 卵白 …… 2個分
　 上白糖 …… 50g

シロップ

インスタントコーヒー …… 大さじ4
上白糖 …… 30g
熱湯 …… 80㎖
水 …… 80㎖
コーヒーリキュール …… 50㎖

デコレーション

ココアパウダー …… 適量

マスカルポーネチーズ

イタリア原産のクリームチーズ。バターと生クリームの中間のような、脂肪分の多いリッチな味わい。

コーヒーリキュール

主要な原料にコーヒーを使ったリキュール。カクテルに多用されるが、ティラミスにも欠かせない。

下準備　PREPARATION

▷ マスカルポーネチーズを室温に戻し、やわらかくする。
　＊ マスカルポーネチーズは湯せんなどで急激にやわらかくしないこと。他の材料を入れていくうちにどんどん分離し、口当たりが悪くなってしまう。かたいときは、必ず室温に戻して。
▷ **A**を合わせて、ふるう。
▷ 天パンにオーブンシートを敷く。
▷ ボウルに生地用の生クリームを入れて、底を氷水に当てながら八分立て（やわらかめで、角の先が少し曲がるくらい）にホイップしてラップをかけ、冷蔵庫に入れる。
▷ オーブンを160℃に予熱する。

a

作り方　DIRECTIONS

b

1 **ビスキュイを作る**。卵は卵黄と卵白に分けて卵白をボウルに入れ、泡立てる。ふんわりしてきたら、上白糖を3回に分けて加えながらさらに泡立て、角がピンと立つしっかりとしたメレンゲにする。

2 **1**のメレンゲに卵黄を加え、筋が残る程度に軽く混ぜて[**a**]**A**をふるい入れる[**b**]。
　＊ 混ぜすぎないうちにAをふるって。混ぜすぎると泡が消えてとろとろになってしまうので、注意。

c

3 **2**を泡立て器でかたまりがなくなるまで混ぜ、最後、ゴムべらに持ち替えて底からすくうように混ぜる。

4 **3**を直径1〜1.5cmの丸口金をつけた絞り出し袋に入れ、オーブンシートを敷いた天パンに、容器の大きさに合わせて（写真の場合は長さ約11cm）棒状に絞る[**c**]。

5 160℃のオーブンで15分焼いて冷ます。

d

6 **シロップを作る**。分量の熱湯に上白糖とインスタントコーヒーを入れて溶き、分量の水とコーヒーリキュールを加える。

7 **生地を作る**。ボウルにマスカルポーネチーズを入れてよく練り、卵黄を加えてよく混ぜる。

8 冷蔵庫で冷やしておいたホイップクリームを**7**に加えて混ぜる。

e

9 別のボウルで卵白を泡立て、ふんわりしてきたら上白糖を3回に分けて加えながらさらに泡立て、角がピンと立つしっかりとしたメレンゲにする。

10 **8**に**9**のメレンゲを3回に分けて加え混ぜ、最後、ゴムべらに持ち替えて底からすくうように混ぜる。

11 容器の底に**5**のビスキュイを敷き、**6**のシロップの約½量をビスキュイがしっかりとひたるまでかける[**d**]。

f

12 **10**の½量をのせ、表面を平らにしたら残りのビスキュイを並べ、残りのシロップを回しかけたら残りの**10**をのせ[**e**]、表面をゴムべらで平らにする。

13 冷蔵庫で半日以上冷やし、上一面に茶こしでココアパウダーをふる[**f**]。

RECIPE N°40

COEUR À LA CRÈME
CRÉMET D'ANJOU

　このケーキは、フランスのフロマージュブランというヨーグルトのようなさっぱりとしたチーズがベース。そこに、ホイップクリームとメレンゲを加え、雲を食べているかのようにふんわりとした口当たりに仕立てました。フルーツとも相性抜群なので、ぜひ、フルーツソースと一緒に召し上がれ。なお、「クール・ア・ラ・クレーム」とは、フランス語で「クリームでできたハート」という意味。ハート型で作らないなら、「クレメ・ダンジュ」という名前に。

クール・ア・ラ・クレーム（クレメ・ダンジュ）

材料　INGREDIENTS

穴あきハート型[a]・4個分、
または内径5.5cmの茶こし[b]・6〜7個分

生地

フロマージュブラン …… 150g
生クリーム …… 120㎖
［ 卵白 …… 1個分
　粉糖 …… 30g

デコレーション

ミント …… 適量
キウイソース（P67参照）…… 適宜

＊ P67で紹介している他のソースでもおいしいが、ソースなしでもGOOD。

フロマージュブラン

フランス原産のなめらかなチーズ。酸味はヨーグルトよりやさしく、コクがあるがチーズ特有のクセはない。

フロマージュブランがなければ、ヨーグルトで！

ざる（万能こし器でも）をボウルにセットし、キッチンペーパーを二重にして敷く。プレーンヨーグルト250gを入れてラップをし、冷蔵庫へ。1晩水きりし、130gにする（生クリームは130㎖に。他の分量は上記と同量）。

下準備　PREPARATION

▷ 20×20cmのガーゼ4枚（茶こしを使用する場合は15×15cmのガーゼ6〜7枚）を水洗いしてしっかり絞り、型に広げる[c]。

作り方　DIRECTIONS

1 **生地を作る。**ボウルにフロマージュブランを入れ、泡立て器でなめらかになるまで練る。

2 別のボウルに生クリームを入れて底を氷水に当てながら九分立てにホイップする。

3 **1**に**2**を3回に分けて加え、そのつど混ぜる[d]。

4 さらに別のボウルに卵白を入れて泡立て、ふんわりしてきたら粉糖を2回に分けて加え、さらに泡立て、角がピンと立つしっかりとしたメレンゲにする。

5 **3**に**4**のメレンゲを3回に分けて加え混ぜ、最後、ゴムべらに持ち替えて底からすくうように混ぜる。

6 型に生地を等分に入れて表面をならしたらガーゼで覆い[e]、軽く重石をして[f]冷蔵庫に入れ、1晩、水きりをする。

7 表面を覆ったガーゼをはがしたら型を直接、皿に当て、型とガーゼをはずす。

8 好みでソースをかけ、ミントを飾る。

a 今回、使用したのは、こんな陶器のハート型（底に穴があいている）。

b 専用容器の代わりに茶こしなどでも（コップにのせれば水きりできる）。

c

d

e

f

チーズケーキQ&A

おいしいチーズケーキを作り、見た目もきれいなまま食べるために、
知っておきたい素朴な、でも大切なQ＆Aをピックアップしてみました！

Q. チーズケーキ作りに欠かせない材料といえば？
A. 生地とボトムに必要な材料はこちら！

生地に
クリームチーズ
チーズケーキ作りに欠かせない大切な素材がクリームチーズ。充分にやわらかくしてから作業するのがなめらかな口当たりにするコツ。

生地に
生クリーム
やわらかさとコクをプラスし、よりなめらかな仕上がりにしてくれる。植物性ではなく、動物性で乳脂肪分45〜47%のものを選びたい。

生地に
サワークリーム
独特の酸味とコクのあるサワークリームは、N.Y.チーズケーキに必ず加える定番素材。なめらかさもプラス。

ボトムに
マリービスケット
シンプルで懐かしい味わいのマリービスケット。今回、右のクラッカーと併用してボトムにしているものが多いが、それぞれ、生地の味に合わせ、甘みを調整した配合にしてある。

ボトムに
小麦胚芽のクラッカー
ざっくりした風合いを演出する小麦胚芽のクラッカー。生地によっては甘み不要のため、マリービスケットを加えることなく、これだけでボトムを作っているものもある。

ボトムに
オレオクッキー
チョコ風味のチーズケーキのベースとして使っているのがオレオクッキー。間にはさまったクリームをはずして使用。見た目も黒く、ちょうどいいアクセントに。

Q. 型から上手に取り出すには？
A. 無理に押し出さず、最初に周囲を温めて。

最初に周囲を温めると、型についた油分が溶け、するっと型からはずせます。まず、熱いぬれタオルで底と周囲を温めてください（ぬれタオルは電子レンジで加熱しても熱湯でぬらしても大丈夫。やけどに注意）。

温まったと思ったら、瓶や缶などの上にのせ、丸い枠だけ押し下げます。型が動くようなら、そのまま下に押し下げて。動きにくいのなら、温めが充分でない証拠。再び、周囲を温めましょう。

丸い枠がはずれたら、底と生地の間にパレットナイフをそっと入れ、ぐぐっと押し込んで底をはずします。

Q. お店みたいにきれいにカットしたい！
A. いちいち、ナイフを温め、ふいて。

ナイフに生地がくっつき、なかなかきれいに切れないときはありませんか。そこで上手なカット術のご紹介。まず、熱湯でナイフをよく温めます。

次に水けをキッチンペーパーでふき取りましょう（ナイフに水滴が残っていないか確かめて）。

温めたナイフでカット。すると、きれいにナイフが入ります。

一回、切ったら、ナイフについた生地をふき、また温めます。

一回ごとにナイフをふいて温め、そしてまたふいて……と、くり返すのがコツ。「ちょっと面倒」と思うかもしれませんが、こうすれば最後の一切れまでお店でカットしたような美しさに。

Q. おいしいチーズケーキ、贈りたい！
A. 周囲をパッキンでぐるりと巻いて。

おいしくできたホールのチーズケーキを誰かに贈りたいなら箱を用意。ケーキを箱のプラトレーにのせ、側面に専用の透明テープ（製菓材料店などで販売）を巻いたら、箱の中で動かないよう周囲をパッキンでぐるりと巻きます。

これを箱に入れればOK。宅配便で送るなら箱よりひと回り大きめの段ボール箱などに詰めて（動かないよう周囲にはまたパッキンを）。要は、箱の中でケーキが動かないようにすき間なくパッキンを詰めればいいのです。

カットしたケーキの場合は、セロファンにのせ（四角のセロファンなら対角線上にのせる）、お店の商品のようにして箱に詰めると、いっそう喜ばれます。余ったスペースにはパッキンや保冷剤をお忘れなく。

石橋かおり
Kaori Ishibashi

お菓子研究家。長野県在住。家庭で作る、できるだけ簡単でおいしく、安全で楽しいデザートやおやつのレシピを日々考えている。新しい食材にも敏感に反応してあれこれ組み合わせを発見し、時代に合うお菓子作りをモットーに研究中。チーズケーキのレシピは400点を超えている。AORやロックなどの音楽が大好きで、ケーキ試作時も「No Music No Cake！」が信条。著書には『HAPPY CHEESECAKE』シリーズ（主婦と生活社）、『ぷるぷるプリン』（サンリオ）、『ベイクドチーズケーキ＆レアチーズケーキ』『シフォンケーキ＆シフォンロール』（以上、主婦の友社）、『はじめてのナチュラルスイーツ』（講談社）など多数。

石橋かおり公式ウェブサイト「Cake（ケイク）」
http://www.kaori-sweets.com/

ブックデザイン
小橋太郎　Yep

撮影
青砥茂樹（本社写真部）

スタイリング
池水陽子

調理アシスタント
荻澤智世　高嶋恵　前田恵里

企画・編集
橘内実佳

講談社のお料理BOOK
ベスト オブ チーズケーキ！

2015年11月9日　第1刷発行

著　者　石橋かおり
発行者　鈴木 哲
発行所　株式会社 講談社
　　　　〒112-8001　東京都文京区音羽2-12-21
　　　　編集☎03-5395-3527
　　　　販売☎03-5395-3606
　　　　業務☎03-5395-3615
印刷所　凸版印刷株式会社
製本所　株式会社若林製本工場

落丁本・乱丁本は、購入書店名を明記のうえ、小社業務あてにお送りください。送料小社負担にてお取り替えいたします。なお、この本についてのお問い合わせは、生活実用出版部 第一あてにお願いいたします。本書のコピー、スキャン、デジタル化等の無断複製は著作権法上での例外を除き禁じられています。本書を代行業者等の第三者に依頼してスキャンやデジタル化することは、たとえ個人や家庭内の利用でも著作権法違反です。定価はカバーに表示してあります。

ISBN978-4-06-299660-0
©Kaori Ishibashi 2015, Printed in Japan

【材料協力】

cuoca（クオカ）
http://www.cuoca.com/
☎0120-863-639

森永乳業株式会社
〒108-8384　東京都港区芝5-33-1
☎0120-369-744（お客さま相談室）
http://www.morinagamilk.co.jp

森永製菓株式会社
〒108-8403　東京都港区芝5-33-1
☎0120-560-162（お客様相談室）
http://www.morinaga.co.jp